DR. MED. MICHAEL NEHLS

KOPFKÜCHE

DAS ANTI-ALZHEIMER-KOCHBUCH

systemed

Über den Autor

PD. Dr. med. Michael Nehls ist Arzt und habilitierter Molekulargenetiker. In seiner wissenschaftlichen Karriere entschlüsselte er die genetischen Ursachen verschiedener Erbkrankheiten an deutschen Forschungseinrichtungen (an den Universitäten Freiburg, Heidelberg, Frankfurt, Hannover und am Deutschen Krebsforschungszentrum) sowie an der University of California, San Diego. Einige seiner wissenschaftlichen Entdeckungen veröffentlichte er mit zwei Nobelpreisträgern, eine weitere wurde neulich vom renommierten US-amerikanischen Fachverband für Immunologie als Säule der immunologischen Forschung geehrt.

Dr. Nehls hat aber auch Erfahrung in der Industrie gesammelt. So war er 3 Jahre leitender Genomforscher einer US-amerikanischen Pharmafirma und danach 8 Jahre Forschungsleiter und Vorstandsvorsitzender eines Münchner Biotechnologie-Unternehmens.

Um abzunehmen wurde er zum Ausdauerradsportler und nahm zweimal beim härtesten Radrennen der Welt teil, dem Race Across America (RAAM). Dabei bewältigte er die 4.800 Kilometer von der West- zur Ostküste der USA in weniger als 11 Tagen – unter Anwendung seiner Methusalem-Strategie. In seinem Buch »Die Methusalem-Strategie – Vermeiden, was uns daran hindert, gesund älter und weiser zu werden« beweist er die Schlagkraft dieser Strategie nicht nur im sportlichen, sondern vor allem im gesundheitlichen Bereich. Sie wurde zur Grundlage für seine bahnbrechenden Erkenntnisse zur Alzheimer-Entstehung, -Prävention und -Therapie, für die ihn die Universitätsklinik Rostock mit dem Hanse-Preis für Psychiatrie 2015 auszeichnete.

Als eigenständiger Wissenschaftstheoretiker hat Dr. Nehls es sich zur Aufgabe gemacht, mit seinen Büchern über die wahren Ursachen von Zivilisationskrankheiten aufzuklären. Seine beiden Bücher über Alzheimer-Prävention (Die Alzheimer-Lüge) und -Therapie (Alzheimer ist heilbar) wurden Spiegel-Bestseller. Als Privatdozent hält er Vorträge auf Kongressen und an Universitäten.

Inhaltsverzeichnis

EINLEITUNG:

EINE SEHR PERSÖNLICHE EINLEITUNG

Mein Interesse am Geheimnis der Alzheimer-Krankheit wurde schon in meiner Jugend geweckt. Damals war es für mich allerdings noch ein namenloses Rätsel, denn die Diagnose wurde bei meinen Großeltern nie gestellt. Vielmehr wurden die befremdlichen Veränderungen in ihrem Verhalten als normale Folge ihres Älterwerdens abgetan. Auffallend waren die immer häufigeren kleinen Streitereien über den Verbleib von täglichen Gebrauchsgegenständen (Schlüssel, Rasierzeug, Kleider). Wenn sie etwas nicht mehr finden konnten, waren meine Großeltern davon überzeugt, dass es jemand gestohlen haben musste. Doch wer würde in die Wohnung meiner Großeltern einbrechen, fragte ich mich, nur um meinem Großvater den Rasierpinsel zu klauen?

Ich konnte den beiden auch immer häufiger dieselben Geschichten erzählen, ohne sie zu langweilen. Es war, als wenn sie mir beim ersten Mal nicht richtig zugehört hätten, obwohl sie stets aufmerksam und interessiert dasaßen. Als dann mein Großvater im Alter von fast 90 Jahren von uns gegangen war, geschah das für mich Merkwürdigste, denn schon kurz nach seinem Tod schien für meine Großmutter nicht nur seine Existenz, sondern auch jegliche Erinnerung an ihn wie ausgelöscht. Sie sprach nie über ihn. Nach weit über 50 Jahren Ehe war es, als ob sie schon immer alleine gelebt hätte. Hatte sie ihn tatsächlich einfach vergessen oder war das nur ihre (vielleicht unbewusste) Art, mit dem dramatischen Verlust umzugehen, um die Leere, die er hinterließ, zu verdrängen? Die offensichtlichen Erinnerungslücken füllte sie jedenfalls mit völlig frei erfundenen Inhalten. Diese wirkten dabei wie der verzweifelte Versuch, den Erinnerungsfaden, der ihr Leben zusammenhielt, nicht abreißen zu lassen. Da ich ihre Angst fühlte, traute ich mich nie, ihre Geschichten zu hinterfragen. Um meine Großmutter nicht weiter zu verwirren, hörte ich nach einer Weile auch auf, sie zu korrigieren, wenn sie mich mit dem Namen meines Vaters ansprach.

Heute erkenne ich in diesen Veränderungen die Zeichen einer Alzheimer-Erkrankung. Und rückblickend sehe ich auch viele ursächliche Risiken in ihrer Lebensweise, insbesondere in der Ernährung, so dass ich es erstaunlich finde, dass sie nicht schon viel früher erkrankten. Schließlich pflegten meine Großeltern einen für damalige Zeiten typisch deutschen Lebensstil. Dieser war geprägt durch ihre Kriegserfahrungen, den Wiederaufbau mit Wirtschaftswunder und eine Werbeindustrie, die einer ganzen Generation nicht nur den Konsum von Zigaretten schmackhaft machte. Man sah viel fern, fuhr mit dem neuen Auto und war stolz darauf, wenn man sich nicht körperlich anstrengen musste.

Die Kriege und die damit verbundenen Hungersnöte hatten aber auch erheblichen Einfluss auf die Essgewohnheiten in den darauffolgenden Friedenszeiten. Das habe ich als »Kriegsenkel« am eigenen Leib erfahren. Immer wieder wurde ich von meinen Großeltern mit Sprüchen wie »Man isst, was auf den Tisch kommt« oder »Wenn Du nicht aufisst, scheint morgen die Sonne nicht« dazu ermahnt, dicke Wurstscheiben auf ebenso dick mit Butter bestrichenem Brot in mich hineinzustopfen. Das erklärte Ziel dieser wohlgemeinten Ernährungsstrategie waren rosige Pausbacken. Die hatte es zu Kriegszeiten selten gegeben. Doch diejenigen mit etwas Fett auf den Rippen hatten die besseren Chancen, Hungersnöte zu überstehen. Damals wurden Pausbacken zum Zeichen von Gesundheit und Wohlstand. Ich erinnere mich noch gut an das dickliche, rotbackige Kind auf der Zwieback-Packung. Mittlerweile sind rosige Pausbacken ein Hinweis auf ein erhöhtes Risiko, auch schon als Kind an Altersdiabetes (Diabetes mellitus Typ 2) zu erkranken. Der jüngste Mensch, der kürzlich an dieser angeblich altersbedingten Krankheit starb, war gerade einmal dreieinhalb Jahre alt.

Trotz meines Medizinstudiums und meiner Arbeit in der genetischen Grundlagenforschung blieb mir der aus heutiger Sicht völlig offensichtliche Zusammenhang zwischen Lebensweise und Krankheit verborgen. Mittlerweile würde ich sogar sagen, gerade wegen meiner medizinischen Ausbildung und wissenschaftlichen Arbeit war mir der Blick für diese Einsicht verstellt. Denn nach den damaligen Lehrplänen und der Meinung der Experten, die unsere Forschung mit ihrem Fachwissen unterstützten, waren Volkskrankheiten, wie Typ 2 Diabetes und insbesondere Alzheimer, rein altersbedingt – also nichts anderes als schicksalhafte Konsequenzen des Menschseins, die, wenn überhaupt, nur mithilfe moderner Medizin in den Griff zu bekommen seien. Man war der Meinung, krank zu werden liege sozusagen in unserer Natur, und nur die Kultur, sprich technologischer Fortschritt, könne diese Bedrohung beseitigen.

Heute ist bewiesen, dass es genau umgekehrt ist. In unserer Natur steckt das Potential für Gesundheit bis ins höchste Alter, doch unsere moderne Kultur verhindert, dass es sich entfalten kann. Wir leben nicht mehr artgerecht. Dennoch soll unsere Lebensweise auf keinen Fall infrage gestellt werden, schließlich profitieren viele große Industriezweige vom Status quo, sowohl die Ernährungs- als auch die pharmazeutische Industrie. Beide arbeiten mit Chemie: die eine, um unnatürliches Essen billig zu produzieren und uns schmackhaft zu machen, die andere, um die Folgen dieser Ernährung, die Krankheiten, zu therapieren (ohne sie tatsächlich zu heilen).

Das Groteske an dieser Entwicklung wurde mir erst klar, als ich selbst in diese kulturelle Falle getappt war. Als Vorstandsvorsitzender eines industriellen Forschungsinstituts arbeitete ich damals fast rund um die Uhr. Selbst wenn ich schlief, was ich viel zu wenig tat, waren meine Träume bei der Arbeit. Ich vernachlässigte den körperlichen Ausgleich und suchte die Belohnung für meine Arbeit in einer Ernährung, die, selbst bei gutmütiger Betrachtung, alles andere als gesund war. Infolgedessen wurde ich übergewichtig und begann, unter Herzrasen zu leiden. Dies ging bis hin zum Gefühl der Brustenge, wenn sich mein viel zu schnell schlagendes Herz nicht mehr mit der dafür nötigen Blutmenge versorgen konnte. Damals war ich gerade einmal vierzig Jahre alt. Vielleicht wollte ich es deshalb nicht wahrhaben, dass mir mein Arzt, aufgrund meiner Blutwerte, die ersten eindeutigen Zeichen einer Reihe beginnender Alterskrankheiten attestierte. Dafür war ich doch noch zu jung! Ich begann, meine Lebensweise ernsthaft zu hinterfragen.

Meine Suche nach Antworten führte mich auf eine mentale Reise ins ländliche Okinawa. Auf dieser kleinen japanischen Insel, wo die alte Generation, unter recht einfachen Bedingungen, noch von Fischfang und Ackerbau lebt, ist die Chance, über hundert Jahre alt zu werden, dreißigmal größer als im industriellen Deutschland. Dennoch sind bei den Alten Okinawas Alzheimer und andere typische Volkskrankheiten, die man dem Älterwerden zuschreibt, sehr selten. Zunächst glaubte man an einen genetischen Schutz und suchte lange nach einem »Methusalem-Gen«. Aber die Suche war vergeblich, denn ihren Schutz vor diesen Krankheiten konnten die Inselbewohner nicht vererben: Ihre oft fettleibigen Enkel gehören mittlerweile zu den Japanern, die am häufigsten an Diabetes erkranken und Herzinfarkte erleiden. Grund für diese dramatische Entwicklung ist also offenbar einzig und allein die unterschiedliche Lebensweise.

Kurz nach dem Zweiten Weltkrieg wurde Okinawa zu einem der größten Marinestützpunkte der USA. Die US-Amerikaner brachten jedoch nicht nur ihr Militär auf die Insel, sondern auch ihren westlichen Lebensstil, der, wie ein Virus, die japanische Jugend infizierte. Während die Lebensweise ihrer Großeltern offensichtlich alle grundlegenden menschlichen Bedürfnisse befriedigte und ihnen Gesundheit bis ins höchste Lebensalter bescherte, litten die Jungen nun unter einer Vielzahl von gesundheitlichen Einschränkungen. Die auch bei uns typischen Volkskrankheiten waren die zwangsläufige Folge.

Die umfassenden Studien zu Okinawa liefern uns eine weitere wichtige Erkenntnis: Man muss offensichtlich nicht wie in der Steinzeit leben, damit unser auf eine steinzeitliche Lebensweise optimiertes Gehirn gesund bleibt. Okinawas alte Kultur schien die steinzeitlichen Bedürfnisse auf eine andere, eigene Weise zu befriedigen. Was den Alten Okinawas (möglicherweise rein zufällig) gelang, begann ich nun, systematisch zu untersuchen. Denn genauso wenig, wie ich wie in der Steinzeit leben wollte, um wieder gesund zu werden und es langfristig auch zu bleiben, reizte mich ein Leben im ärmlichen Okinawa.

Basierend auf den Erkenntnissen Tausender klinischer Studien begann ich, eine grundlegende Lebensstrategie zu entwickeln, die in jedem Kulturkreis anwendbar sein müsste. In meinem Buch »Die Methusalem-Strategie – Vermeiden, was uns daran hindert, gesund älter und weiser zu werden« fasste ich diese zusammen.[1] Dabei definierte ich die Lebensbereiche, in denen unsere heutige Lebensweise entscheidende Mängel und infolgedessen die bei uns typischen Volkskrankheiten hervorbringt. Denn, so stellte sich bei meinen Untersuchungen heraus, Gesundheit bis ins hohe Alter ist uns eigentlich von Natur aus in die Wiege gelegt. Doch, um gesund zu bleiben, dürfen wir in keinem dieser Lebensbereiche gravierende Mängel zulassen, da unser Organismus diese nicht ausgleichen kann.

Die Mängel, die mir meine eigene Lebensweise eingebracht hatte, waren schnell identifiziert: Ich hatte zu viel Stress und bewegte mich zu wenig, ich ernährte mich zwar energiereich, jedoch vitalstoffarm, und nicht zuletzt litt ich unter zu wenig Schlaf. Mithilfe meiner Frau startete ich einen Selbstversuch. Wir kauften uns Fahrräder und begannen ganz vorsichtig mit kleinen Ausfahrten. Nach und nach stellten wir unsere Ernährung um. Der Anfang war beschwerlich, sowohl sportlich als auch geschmacklich. Doch wir stellten fest, dass auch ungesunde Gewohnheiten eben Gewohnheiten sind. Und da der Mensch ein Gewohnheitstier ist, gewöhnten wir uns mit der Zeit auch an die neue Lebensweise. Was uns auf diesem gesunden Kurs hielt, war die Tatsache, dass wir uns beide dabei wohler und fitter fühlten. Dieses subjektive Gefühl wurde schon nach wenigen Monaten durch meinen Hausarzt bestätigt, der mich fragte, ob ich in einen Jungbrunnen gefallen sei. Alle meine Blutwerte hatten sich erheblich verbessert. Wenige Jahre später war ich auch körperlich so fit wie niemals zuvor und beendete, unter Anwendung der Methusalem-Strategie, erfolgreich das härteste Ausdauerradrennen der Welt.[2]

In den darauffolgenden Jahren begann ich den wissenschaftlichen Kampf gegen das Dogma, dass es sich bei Alzheimer um eine vornehmlich durch das Älterwerden verursachte Krankheit handle, gegen die wir machtlos sind. Diese Expertenmeinung hindert Menschen letztendlich daran, einen gesunden Lebensstil anzunehmen, der sie vor Alzheimer und allen anderen Volkskrankheiten schützt. Denn warum sollte jemand seine Lebensweise infrage stellen und gegebenenfalls ändern, solange Experten, die bei der Bekämpfung des Alzheimer-Problems nahezu ausschließlich auf Pharmaforschung setzen, immerzu behaupten, dass dies sinnlos sei?

Schließlich konnte ich eine Beweiskette vorlegen, die schlüssig aufzeigt, dass Alzheimer nur zu vermeiden ist, wenn wir unsere Lebensweise wieder im Einklang mit unserer Natur gestalten. Um das unheilvolle Dogma zu kippen, schrieb ich Bücher zu Prävention[3] und Therapie[4] von Alzheimer. Vielleicht ist es kein Zufall, dass kurz nach der internationalen Veröffentlichung meines wissenschaftlichen Artikels[5], in dem ich eine weltweit erste grundlegende Erklärung der Alzheimer-Entstehung lieferte, Prof. Richard Dodel, Leiter eines universitären Geriatrie-Zentrums, zum Welt-Alzheimertag 2016 erklärte: »Wir haben Grund zur Hoffnung, dass Alzheimer und andere Demenzen gebremst oder gar verhindert werden können.« Ergänzend fügte er hinzu: »Wir haben zuverlässige Daten, dass ein gesunder und aktiver Lebensstil vor Alzheimer schützt.«[6]

Ich werte dies als ein erstes Signal der Hoffnung, dass sich die öffentliche Meinung ändert, nachdem sie lange Zeit in die falsche Richtung gelenkt wurde, und mehr Menschen wieder eine gesunde Beziehung zu sich selbst entwickeln.

Die Rezepte in diesem Familienkochbuch, die meine Frau, unsere erwachsenen Kinder und ich ständig weiterentwickeln, soll Ihnen ein Wegbegleiter auf der Reise zurück zur eigenen Natur sein.

Meine Familie und ich wünschen Ihnen guten Appetit.

Michael Nehls
Mai 2017

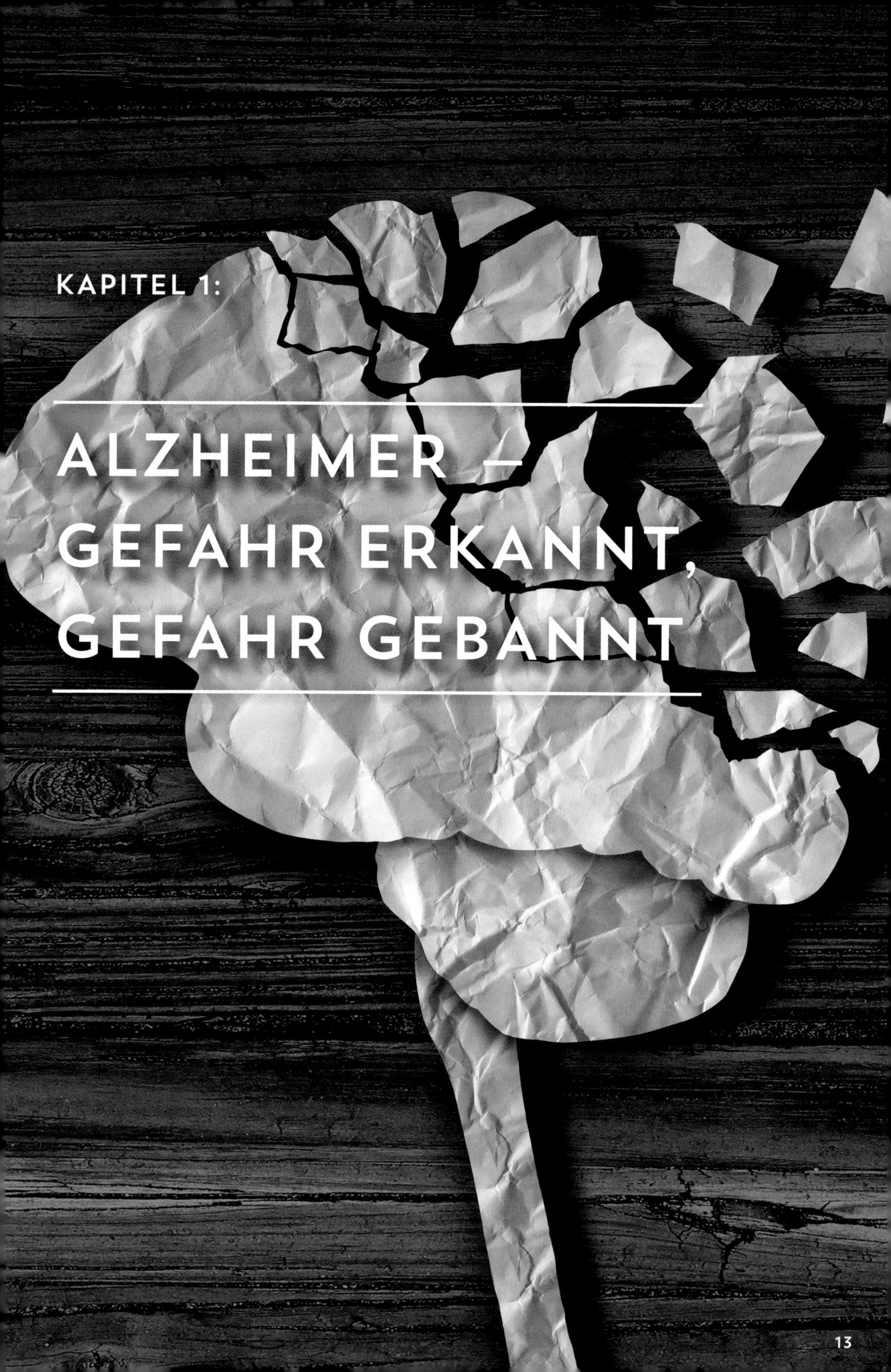

KAPITEL 1:

ALZHEIMER – GEFAHR ERKANNT, GEFAHR GEBANNT

DER SITZ DER SEELE

In der Kulturgeschichte der Menschheit entwickelten Philosophen und Theologen die unterschiedlichsten Vorstellungen davon, was es mit der menschlichen Seele auf sich haben könnte und wo sie zu finden sei. Oft wird das Herz als Ort für deren Sitz genannt, weil wir einen veränderten Herzschlag mit unserem seelischen Empfinden in Beziehung stellen. Wenn ich jedoch als Arzt und Hirnforscher einen Ort für unsere Seele angeben müsste, wäre der Hippocampus ganz oben auf meiner Liste. Er bildet in unserem Gehirn die Zentrale für Erfahrungswissen, in der alles, was wir erleben, denken und fühlen, also alles, was uns und unser Leben ausmacht, erinnert wird. Diese persönlichen Erfahrungen sind Grundlage für unsere Beziehungen zu anderen und formen wesentlich unsere Persönlichkeit.

Ob der Hippocampus tatsächlich der Sitz der Seele ist, mag natürlich angezweifelt werden. Solche Diskussionen möchte ich auch weiterhin Philosophen und Theologen überlassen. Wissenschaftlich gesehen steht jedoch fest: Ohne Hippocampus hätten wir keine persönlichen Erinnerungen und damit keine Antwort auf die Frage, wer wir sind.

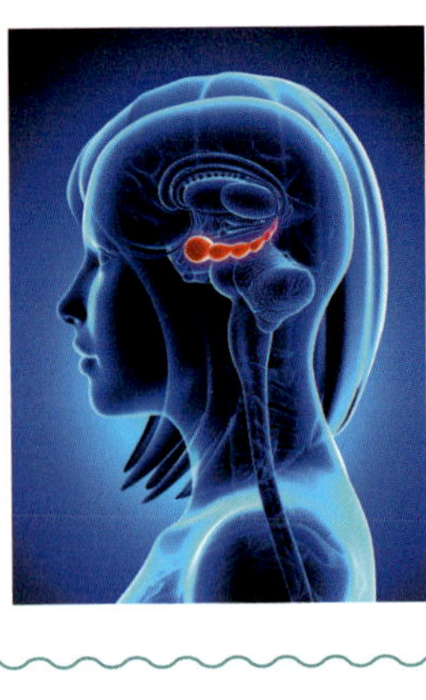

HIPPOCAMPUS: *Tief im Inneren unseres Gehirns liegt auf jeder Seite je eine etwa daumengroße Struktur. Da sie in ihrer Gestalt einem Seepferdchen ähnelt, wird sie als Hippocampus bezeichnet. Den Hippocampus gibt es vermutlich deshalb zweimal, weil Erinnerungen für uns lebenswichtig sind – und weil doppelt bekanntlich besser hält.*

Der Hippocampus besitzt eine Reihe einzigartiger Eigenschaften, die für unser Überleben entscheidend sind. Beispielsweise lernt er rasend schnell. Im Gegensatz zum restlichen Gehirn, das viele Wiederholungen benötigt, um sich an etwas zu erinnern, kann er sich Erlebnisse, Gesprächsinhalte und Gedanken sofort und dauerhaft merken.

Ein Ereignis, das sich der Hippocampus für uns merkt, hat stets vier Aspekte: Was, wann und wo man etwas erlebt oder gedacht hat – und welche Emotionen es ausgelöst, also wie man sich dabei gefühlt hat. Die Emotionen nutzt der Hippocampus, um zwischen belanglosem Alltäglichem, das er sich nicht langfristig merkt, und (be-)merkenswerten Erlebnissen und für uns wichtigen Gedanken zu unterscheiden. Deshalb interessieren ihn vor allem neue Erfahrungen, wodurch wir von Natur aus neugierig sind. Und das ist auch gut so, denn wer bereit ist, Neues zu erleben, vergrößert seinen Erfahrungsschatz.

Fremdsprachen hingegen empfindet er als langweilig, deshalb hilft er uns leider nicht dabei, sie schnell zu erlernen. Der Grund dafür ist einfach: Eine fremde Sprache zu beherrschen war für unsere steinzeitlichen Vorfahren nicht lebenswichtig. Ihr Bewegungsradius war nicht groß genug, um auf völlig anderssprachige Sippen zu treffen. Wichtig fürs Überleben war allerdings, wo und wann welche Früchte reiften und wie sie schmeckten oder wo und wann welcher Feind lauerte und wie bedrohlich er war. Wer sich all dies nicht merken konnte, lief Gefahr, entweder zu verhungern oder selbst gefressen zu werden. Das lebenslang gesammelte Erfahrungswissen dient jedoch nicht nur dem eigenen Überleben, sondern auch dem der Nachkommen.

GESUNDHEIT STECKT IN UNSERER NATUR – BIS INS HÖCHSTE ALTER

Bekanntlich ist der Mensch weder das schnellste noch das kräftigste Lebewesen. Ausschlaggebend für das Überleben unserer Spezies war vielmehr die Entwicklung der Fähigkeit, unsere gesamte Lebenserfahrung bis ins höchste Alter an die nächsten Generationen weitergeben zu können. Wissen bedeutet bekanntlich Macht, das gilt insbesondere für überlebenswichtiges Erfahrungswissen. Es ist auch die Grundlage für soziale Zusammenarbeit, für technologischen Fortschritt und, nicht zuletzt, für die Entwicklung der gesamten menschlichen Kultur. Dabei gilt die einfache Regel: Je älter ein Mensch, desto größer sein Erfahrungsschatz und damit die Überlebenschancen seiner Nachkommen. Daher widerspricht die Entwicklung von Senilität und Gedächtnisverlust dem natürlichen Älterwerden als Ursache. Vielmehr setzt die Natur bei unserer Überlebensstrategie auf Seniorität und Erfahrungswissen.

WEISHEIT DES ALTERS: *Die Fähigkeit, 100 Jahre und sogar noch älter werden zu können, ist uns Menschen in die Wiege gelegt. Selbst die geringe durchschnittliche Lebenserwartung in Wildvölkern ist kein Argument dagegen. Denn diese ergibt sich rein rechnerisch nur aufgrund einer hohen Kindersterblichkeit infolge von Infektionskrankheiten, da diese Menschen keinen Zugang zu modernen Impfungen und Antibiotika haben. Aber diejenigen unter ihnen, die das Erwachsenenalter erreichen, haben, wie mehrere Studien gezeigt haben, große Chancen, sehr alt zu werden. Selbst weit über 80-Jährige anzutreffen ist keine Seltenheit. Die Sippe setzt bei wichtigen Entscheidungen auf die große Lebenserfahrung dieser Alten, oft werden sie für ihre Weisheit verehrt.*

DIE ALZHEIMER-DEMENZ

Stellen Sie sich einmal vor, Sie könnten sich nur noch für ein paar Momente merken, was Sie erleben, fühlen und denken. Sie würden also nur noch über Ihr Kurzzeitgedächtnis verfügen, das nur noch wenige Augenblicke in Ihre Vergangenheit zurückreicht. Inhaltsvolle Gespräche mit Ihrer Familie und Freunden zu führen wäre unmöglich. Ihre eigenen Gedanken festzuhalten, wäre im wahrsten Sinne des Wortes undenkbar, der Gesprächsfaden würde Ihnen ständig reißen. Stellen Sie sich weiter vor, dass nun auch noch alle Ihre früheren Erinnerungen verblassen. Die Gesichter selbst der engsten Familienmitglieder, Ihres Lebenspartners, Ihrer Kinder und Enkel, oder die Ihrer Freunde verlören nach und nach für Sie jegliche Bedeutung. Nach einer gewissen Zeit würden Sie sie schlichtweg nicht mehr erkennen und keine gemeinsamen Erinnerungen mehr mit ihnen verbinden. Auch das, was Sie einst für sich selbst waren, was Sie beruflich machten, ja alles, was für Sie einst Bedeutung hatte, all das gäbe es für Sie nicht mehr.

Ein solcher Verlust des eigenen Lebens noch zu Lebzeiten ist grausam. So etwas wünscht man niemandem, und dennoch ist mittlerweile in nahezu jeder deutschen Familie ein älteres Mitglied von genau dieser Selbstzerstörung betroffen. Diesen krankhaften Prozess, der Menschen ihrer Identität beraubt, nennen wir Demenz – Alzheimer ist meist die Ursache.

ES GIBT VIELE FORMEN VON DEMENZ: *Ein gemeinsames Kennzeichen aller Demenzen ist der fortschreitende Abbau der geistigen und häufig auch der sozialen Fähigkeiten. Mit dem Verlust ihrer Alltagskompetenz können Betroffene ihr Leben nicht mehr selbstständig meistern. Bei etwa einem Viertel aller Fälle wird eine Demenz durch Arteriosklerose (im Volksmund auch »Verkalkung«) der Blutgefäße beziehungsweise Mangeldurch-*

blutung und Schlaganfälle ausgelöst. In über der Hälfte aller Fälle von Demenz liegt die Alzheimer-Erkrankung vor. Oft treten diese beiden häufigsten Demenzformen jedoch gemeinsam auf. Das liegt daran, dass sich die jeweiligen Krankheitsprozesse einerseits gegenseitig verstärken, anderseits aber auch nahezu dieselben Ursachen haben. Dies bedeutet jedoch auch, dass, wer gegen die eine Form der Demenz vorbeugt, sich auch gleichzeitig vor der anderen schützen kann. Es lohnt sich also mehrfach, einen gesunden Lebensstil zu führen.

HIPPOCAMPUS-WACHSTUM SCHÜTZT VOR ALZHEIMER

Damit wir während unseres gesamten Lebens Erfahrungswissen sammeln können, wächst der Hippocampus mit unserem Erinnerungsschatz, und zwar bis ins höchste Alter. Dazu kann er täglich Tausende neuer Nervenzellen produzieren, beim 92-Jährigen noch genauso effizient wie beim 18-Jährigen. Zugleich besitzen alle unsere Nervenzellen die Fähigkeit, sich bis ins höchste Lebensalter zu verjüngen (diese Erkenntnis wurde 2016 mit dem Nobelpreis für Medizin ausgezeichnet). Die Verjüngung älterer und die Bildung neuer Nervenzellen benötigt jedoch auch heute noch Signale, die aus den Lebensumständen kamen, die grundlegend für unsere prähistorischen Vorfahren waren: Unser Gehirn ist immer noch auf Steinzeit programmiert.[7]

Beispielsweise signalisiert *körperliche Aktivität*, dass mehr Nervenzellen im Hippocampus gebildet werden müssen. Schließlich machten vor allem diejenigen unserer Vorfahren neue, lebenswichtige Erfahrungen, die fischten, sammelten oder jagten. Bei diesen Tätigkeiten waren Erfahrung und oft auch gemeinsames Vorgehen wichtig. Deshalb ist es nicht überraschend,

Mit dem Hippocampus wächst unser Erinnerungsschatz

dass unser Gehirn so programmiert ist, dass zwischenmenschliche Beziehungen ebenso das Hippocampus-Wachstum anregen. Auch eine gute Schlafqualität ist unerlässlich, denn schließlich kann der Hippocampus nur wachsen und reifen, während wir tief schlafen und er nicht damit beschäftigt ist, neue Erfahrungen aufzuzeichnen. Da zur Bildung neuer Nervenzellen auch ein spezielles Baumaterial benötigt wird, ist eine hirngesunde Ernährung ebenso entscheidend, wenn wir unsere Erinnerungsfähigkeit behalten wollen. Interessanterweise scheint unser Gehirn sich vor allem dann zu verjüngen und Wachstumssignale zu erhalten, wenn wir, wie unsere Vorfahren, auf ganz natürliche Weise fasten, also während des Nachtschlafs und in den frühen Morgenstunden. (Da gingen unsere Vorfahren nüchtern auf Nahrungssuche.)

Alle diese und viele weitere Erkenntnisse müssen berücksichtigt werden, wenn wir eine Lebens- und Ernährungsstrategie entwickeln wollen, die unser Gehirn ein Leben lang leistungsfähig hält. Denn gerade den neu gebildeten Nervenzellen im Hippocampus kommt dabei eine ganz besondere Rolle zu. Sie helfen uns nämlich nicht nur entscheidend beim Erinnern. Sie sorgen auch dafür, dass wir ein Leben lang neugierig bleiben. Zudem tragen sie dazu bei, dass wir in neuen Lebenssituationen entspannter bleiben. So konnte gezeigt werden, dass das Wachstum des Hippocampus vor der Entwicklung einer Depression schützt. Darüber hinaus konnte ich eine Beweiskette aufbauen, die schlüssig belegt, warum immer dann, wenn durch irgendeinen Mangel, den unsere heutige Lebensweise mit sich bringt, das Wachstum des Hippocampus gehemmt wird, dadurch das Alzheimer-Risiko steigt.[8] Und umgekehrt, weshalb immer dann, wenn wir das natürliche Hippocampus-Wachstum anregen, das Erkrankungsrisiko sinkt. Die relative Größe des Hippocampus ist somit ein Maß für die Wahrscheinlichkeit, an Alzheimer zu erkranken oder davon verschont zu bleiben.[9]

Letztendlich bedeutet dies, dass wir dafür sorgen müssen, dass das natürliche Wachstum des Hippocampus ein Leben lang stattfinden kann, um uns vor Alzheimer zu schützen.

GRUNDLEGENDER SCHUTZ: *Alles, was unserem Gehirn schadet, schadet auch unseren anderen Organen. Und umgekehrt, alles was unserem Gehirn nützt, hält auch alle unsere anderen Organe gesund. Eine artgerechte Lebensweise schützt deshalb nicht nur vor Alzheimer, sondern auch vor anderen Volkskrankheiten, die heutzutage unsere Gesundheit bedrohen, wie zum Beispiel Arterienverkalkung, Bluthochdruck, Übergewicht, Diabetes Typ 2 und Krebs.*

GRÜNER DAUMEN FÜR DAS WACHSEN UNSERES ERINNERUNGSSCHATZES

Alzheimer gibt es in allen Bevölkerungsschichten und Berufen. Niemand scheint verschont zu sein. Warum die unterschiedlichsten Lebensweisen in ein und derselben Krankheit enden können, war lange Zeit ein Rätsel. Die Lösung ist jedoch gar nicht so schwierig und für jeden leicht verständlich, der schon einmal eine Topfpflanze gepflegt hat. Bekanntermaßen gedeiht sie nur, wenn sie alles bekommt, was sie, ihrer Art entsprechend, dazu benötigt. (Eine Geranie muss anders gepflegt werden als eine Orchidee.) Fehlt nur eine entscheidende Sache, wie beispielsweise Wasser, so hilft keine andere, kein Mehr an Dünger und ebenso kein Pflanzenschutzmittel. Allerdings genügt es auch nicht, wenn sie reichlich gegossen wird, es ihr aber gleichzeitig an Licht, Wärme oder bestimmten Nährstoffen mangelt.

Auf das Wachstum des Hippocampus übertragen bedeutet dies, dass auch dieser nur »gedeihen« kann, wenn wir ihm tatsächlich alles geben, was er benötigt. Das einfache Beispiel mit der Pflanze liefert die Erklärung, weshalb Medikamente gegen Alzheimer, auch wenn sie als »Hirnschutzmittel« angepriesen werden, so gut wie keine Wirkung zeigen. Keines kann einen

Mangel ausgleichen, der durch eine ungesunde (artfremde) Lebensweise entstanden ist. Die als »Gesetz des Minimums« in Lehrbüchern zu findende Erkenntnis macht uns auf eindeutige Weise klar, wieso ein präventiver Lebensstil sowohl eine vitalstoffreiche Ernährung, aber eben auch ausreichend Bewegung, soziales Miteinander, Lebensinhalt und erholsamen Schlaf beinhalten muss. Das macht es auch offensichtlich, weshalb ein Mangel in einem Lebensbereich nicht durch ein Mehr in einem anderen ausgeglichen werden kann. Beispielsweise können soziale Aktivitäten, körperliche Aktivität oder viel Schlaf, obwohl dies alles wichtig für das Hippocampus-Wachstum ist, keinen ernährungsbedingten Mangel an bioaktiven Omega-3-Fettsäuren, an Vitaminen oder an essentiellen Spurenelementen ausgleichen.

Aber nicht nur Mängel schränken das Hippocampus-Wachstum ein und erhöhen dadurch das Risiko, an Alzheimer zu erkranken. Auch Schadstoffe tragen direkt oder indirekt dazu bei und sollten so gut wie möglich vermieden werden. Dazu gehören Konservierungs-, Farb- und künstliche Geschmacksstoffe (weshalb man seine Nahrung selbst zubereiten sollte), Pestizide (weshalb man, wenn immer möglich, biologisch angebaute Lebensmittel bevorzugen sollte), Plastikbestandteile (weshalb man möglichst plastikfrei leben und beim Kochen auf keinen Fall Plastik erhitzen sollte).

Müssen wir dazu zurück in die Steinzeit? Nein, keine Sorge. Um einen »grünen Daumen für das Hirnwachstum« zu entwickeln, müssen wir uns vielmehr auf den Weg in eine artgerechtere Zukunft begeben. Sobald wir verstanden haben, worauf es ankommt, ist lebenslange Hirngesundheit auch mit einer modernen Lebensweise gut vereinbar. Schließlich muss sie unsere altsteinzeitlichen Bedürfnisse nur prinzipiell berücksichtigen. Unserem Gehirn ist es nämlich gleichgültig, weshalb wir körperlich aktiv sind, Hauptsache wir sind es oft genug. Es ist ihm auch völlig egal, ob wir unser Essen selbst gejagt oder gesammelt haben, solange es ausreichend Vitalstoffe enthält, um unser (auf steinzeitliche Ernährung angepasstes) Gehirn mit allem zu versorgen, was es benötigt. Mit einer solchen Lebensweise kann unsere Gedächtniszentrale – und das völlig altersunabhängig – die Produktionsrate neuer Nervenzellen um ein Mehrfaches steigern.

VITALSTOFFREICHE ERNÄHRUNG

Ich habe für nahezu jedes Vitamin und für viele Spurenelemente aufzeigen können, dass ein Mangel an ihnen das Hippocampus-Wachstum direkt oder indirekt beeinträchtigt, weshalb eine ausgewogene, vitalstoffreiche Ernährung so wichtig ist. Allerdings habe ich mich immer wieder gefragt, wie es möglich ist, die große Anzahl an lebenswichtigen Nahrungsbestandteilen tatsächlich zu sich zu nehmen, ohne hochkonzentrierte Nahrungsergänzungsmittel schlucken zu müssen.

Da unsere Vorfahren dies schafften, ist die Antwort an sich ganz einfach. Hier ein Beispiel: Für die Herstellung von Weißmehl wird vom Getreidekorn sowohl die ballaststoffreiche Kleie als auch der fetthaltige Keimling entfernt, beides voller Vitalstoffe. Übrig bleibt nur noch das stärkehaltige Energiedepot, das zu Weißmehl verarbeitet wird. Kleie und Keimling werden als nährstoffreiches Tierfutter genutzt, denn von reinem Weißmehl würden Tiere Mängel entwickeln. Kein Tierhalter würde dies riskieren – und keiner unserer steinzeitlichen Ahnen wäre je auf eine solche Idee gekommen.

VERLUSTREICHE PROZESSE: *Durch die Verarbeitung des Vollkorns zu Weißmehl gehen mit Kleie und Keimling nicht nur etwa 60 Prozent der gesundheitsförderlichen Ballaststoffe verloren, sondern auch etwa »50 Prozent Calcium, 70 Prozent Eisen, 80 Prozent Magnesium, 99 Prozent Chrom (Chrommangel ist an der Entstehung von Diabetes beteiligt), 90 Prozent Vitamin E und*

90 Prozent Vitamin B1«, wie das Zentrum für Gesundheit die Problematik zusammenfasst.[10]

Geht es dagegen um unsere eigene Ernährung, haben wir weitaus weniger Bedenken. So wird leider viel zu oft vitalstoffarmes Weißmehl (Brot, Pasta etc.) verzehrt, statt vitalstoffreiches Vollkornmehl. Obwohl beide Nahrungsmittel in etwa dieselbe Energiedichte (Kalorien pro Gramm) haben, entwickelt derjenige, der sich vorwiegend von Weißmehlprodukten ernährt, einen Mangel an Ballaststoffen, Spurenelementen und Vitaminen. Wer diese Mängel mit Nahrungsergänzungsmitteln ausgleichen will, steht vor drei mehr oder weniger unlösbaren Problemen:

ERSTENS, die Unmöglichkeit einer natürlichen Dosierung. Spurenelemente und Vitamine können in einer Pille niemals in einer natürlichen Kombination und Konzentration vorliegen. Daher kann durch deren unbedarfte Einnahme Schaden angerichtet werden.

ZWEITENS, dem Fehlen des Unbekannten. Die Forschung entdeckt täglich neue Wirk- und Vitalstoffe in unserer natürlichen Nahrung, die unser Organismus schon längst kennt und seit Jahrmillionen nutzt. Deshalb können wir nur bei natürlicher Darreichung sicher sein, komplett mit diesen, der Wissenschaft noch unbekannten Vitalstoffen in artgerechter »Dosierung« versorgt zu werden.

DRITTENS, die Versorgung mit faserreichen Ballaststoffen. Eine gesunde Darmflora ist für sämtliche Körperfunktionen, auch die unseres Gehirns, unverzichtbar. Voraussetzung dafür ist jedoch, dass die Bakterien unseres Verdauungstrakts genügend Nahrung bekommen in Form von Ballaststoffen. Die stecken jedoch nicht in Nahrungsergänzungsmitteln, sondern in Obst, Gemüse, Nüssen und dem vollen Korn. Dank moderner Ernährungsgewohnheiten nehmen wir im Vergleich zu unseren steinzeitlichen Vorfahren nur noch einen Bruchteil an Ballaststoffen zu uns.

Aus all diesen Gründe rate ich strikt davon ab, mit Nahrungsergänzungsmitteln eine nährstoffarme Ernährung auszugleichen. Diese Mittel sollten nur da eingesetzt werden, wo eine artgerechte Ernährung aus bestimmten Gründen nicht möglich oder ausreichend ist. Dann sollte aber auch nur der jeweilige Mangel gezielt ausgeglichen werden (siehe zum Beispiel Algenöl und Vitamin D, Seite 76 beziehungsweise 77).

Ein tragisches Beispiel für die gesellschaftliche Dimension des Problems, wenn artgerechte Nahrung gegen artfremde getauscht wird, liefert uns die jüngere Geschichte Japans. Nicht nur in Okinawa kam es zu dramatischen Änderungen (siehe Einleitung). So stieg im gesamten Land Mitte des letzten Jahrhunderts in nur etwa zwei Jahrzehnten das Risiko, an Alzheimer zu erkranken um das Siebenfache.[11] Der Auslöser dafür war die rasch voranschreitende Industrialisierung nach dem Zweiten Weltkrieg und der damit verbundene Abschied der japanischen Gesellschaft von ihren traditionellen Gepflogenheiten. Es kam zu einer Umstellung auf eine westliche Ernährung mit einem hohen Konsum an fettreichen Fleisch- und Wurstwaren sowie industriell verarbeiteten Nahrungsmitteln. Wer viel Wurst isst, konsumiert weniger Sushi. Das verschärft das Problem, denn zum Zuviel an entzündungsfördernden Omega-6-Fettsäuren (fette Wurst) kommt ein Zuwenig an entzündungshemmenden Omega-3-Fettsäuren (fetter Fisch). Dieser westliche Ernährungsstil sorgt für eine chronische Entzündung im Gehirn und hemmt dadurch das Wachstum des Hippocampus. Dies ist genau das Gegenteil zur Ernährung unserer steinzeitlichen Vorfahren. Sie aßen viel Fisch und Meeresfrüchte und nur gelegentlich mageres Wildfleisch: Sie waren vorwiegend Fischer und Sammler.

FISCHER UND SAMMLER: *Unsere urzeitlichen Vorfahren stellt man sich üblicherweise als Jäger vor, die Wildtiere erbeuteten und deren Fleisch mit Steinwerkzeugen zerteilten. Die davon abgeleitete Steinzeit- bzw. Paläodiät versucht, dieser Vorstellung* *gerecht zu werden, indem sie für den Verzehr von viel Fleisch plädiert. Doch dieses Bild ist falsch, schließlich waren größere Wildtiere in den entsprechenden Jagdgebieten immer recht bald ausgerottet, nachdem der Mensch auf der Bildfläche erschienen war. Meer, Seen und Flüsse hingegen waren, zumindest damals noch, unerschöpfliche Nahrungsquellen. Mittlerweile liefern uns neueste Forschungsergebnisse ein anderes, akkurateres Bild unserer altsteinzeitlichen Vorfahren. Es zeigt sie beim Fischen am Fluss und im Meer, beim Sammeln von Muscheln oder beim Absuchen von Flussufern nach Eiern von Seevögeln.*

Bioaktive Omega-3-Fettsäuren, wie beispielsweise DHA (Docosahexaensäure) oder EPA (Eicosapentaensäure), sind nicht nur entzündungshemmend, sondern werden auch als Bausteine für die Bildung neuer Hirnzellen benötigt. Da die natürliche Lebensweise des altsteinzeitlichen Fischers ihn ausreichend mit diesen bioaktiven Omega-3-Fettsäuren versorgte, lernte unser Organismus nie, sie selbst herzustellen. Er musste sie deshalb auch nicht sonderlich effizient aus pflanzlichen Omega-3-Fettsäuren (wie der Linolensäure) umwandeln. Aus diesem Grund kann eine Ernährung, arm an Fisch und Meeresfrüchten, einen Mangel an DHA und EPA verursachen. Diese müsste entweder geändert werden oder, falls dies aus unterschiedlichen Gründen nicht möglich ist, gezielt mit einer Nahrungsergänzung korrigiert werden (siehe Seite 76, Kapitel 3).

FAZIT

Alzheimer ist nur eine von vielen Volkskrankheiten. Das Risiko einer Erkrankung kann durch eine artgerechte Lebensweise deutlich reduziert werden. Dabei kommt einer vitalstoffreichen und zugleich schadstoffarmen Ernährung eine wichtige Aufgabe zu. Dieses Wissen ist Macht. Es ermächtigt Sie, Ihr Leben selbstbewusst und selbstverantwortlich zu gestalten, ohne in lebenslanger Angst vor Krankheiten wie Alzheimer, Krebs, Herzinfarkt und vielen anderen »normalen« Volksleiden leben zu müssen. Denn die meisten dieser Krankheiten gibt es nur, weil viele Menschen nur zu wissen glauben beziehungsweise glauben gemacht werden, auf was es bei einer gesunden Ernährung ankommt. Das liegt daran, dass unser Gehirn tagtäglich mit Ernährungsmythen »gefüttert« wird, die zu Ernährungsgewohnheiten führen, die uns auf Dauer krank machen.

KAPITEL 2:

ERNÄHRUNGS-MYTHEN, DIE UNS KRANK MACHEN

DER URSPRUNG VON ERNÄHRUNGSGEWOHNHEITEN

Unsere Vorstellung darüber, was eine gesunde Ernährung umfasst, wird einerseits durch eine reichhaltige kulturelle Vorgeschichte der Menschheit bestimmt, andererseits durch die individuellen persönlichen Erfahrungen, die in diesem kulturellen Rahmen gemacht wurden. Wie ich in der Einleitung geschildert habe, hatten die Kriegserfahrungen meine Großeltern dazu gebracht, mich in meiner Kindheit mit Wurst, Butter und auch viel Süßkram zu »mästen«. Dies ist zwar eine wohlgemeinte Ernährungsstrategie, wenn man die Chancen erhöhen will, eine drohende Hungersnot zu überleben, es ist jedoch keine gute, wenn man langfristig gesund bleiben will. Doch diese Problematik kannten meine Großeltern nicht, zumal ihre Eltern und Großeltern wiederum anders gelebt hatten.

Da die Ernährung von vielen Milliarden Menschen auch ein Multi-Milliardengeschäft ist, werden immer mehr Nahrungsmittel vermarktet, nicht, weil sie in erster Linie gesund, sondern weil sie billig herzustellen sind und damit viel Profit erwirtschaftet werden kann. So griff die fleischverarbeitende Industrie auch bereitwillig das Konzept der Paläoernährung auf, denn das Bild des fleischvertilgenden Jägers beschert ihr natürlich einen hohen Umsatz, auch bei Menschen, die hoffen, sich auf diese Weise natürlich und damit auch gesund zu ernähren. Wie Sie jedoch nun wissen, stimmt dieses Bild nicht. Unsere Vorfahren waren eher Fisch und Meeresfrüchte verspeisende Vegetarier (Pescetarier). Doch der Mythos vom Jäger und Sammler scheint zu rechtfertigen, dass Fleisch und Wurst auf keinem Teller fehlen dürfen und führte zu ungesunden Ernährungsgewohnheiten. So werden die Gerichte auf deutschen Speisekarten nach Fleischsorten sortiert und vitalstoffreiches Gemüse und gesunder Salat als bloße Beilage deklariert (Schweineschnitzel mit Beilagen, Rindersteak mit Beilagen, etc.). Dabei müsste es genau umgekehrt sein. Darüber hinaus stammte das wenige Fleisch, das der Fischer und Sammler aß, sicherlich nicht aus der

Massentierhaltung. Doch ungesunde Tiere können kein gesundes Fleisch liefern. Es ist daher nicht überraschend, dass, wie große klinische Studien beweisen, der Pescetarier gegenüber dem Fleischesser eine wesentlich höhere Lebenserwartung hat – bei zugleich geringerem Alzheimer-Risiko.

BROT UND SPIELE *waren das Mittel der Cäsaren im alten Rom, um das Volk glücklich und gefügig zu machen. Heute sind es subventionierte Fleischwaren und Kochsendungen. Obwohl letztere zurzeit sehr im Trend liegen, vermögen sie paradoxerweise den rasant ansteigenden Konsum an Fertigprodukten nicht zu bremsen, was vielleicht daran liegt, dass wer viel fernsieht weniger Zeit zum Kochen hat. Mittlerweile haben sich energiereiche und zugleich vitalstoffarme Nahrungsmittel, also Fleischprodukte und Süßigkeiten, als Inbegriff einer Ernährungsweise etabliert, die früher fast ausschließlich reichen Bevölkerungsschichten vorbehalten waren. So darf sich heute jeder privilegiert fühlen, der sich ungesund ernährt.*

Wenn es um das Ankurbeln des Umsatzes geht, wird jede wissenschaftliche Erkenntnis genutzt. Auch dann, wenn sie längst als überholt gilt. Beispielsweise ist einerseits längst bewiesen, dass Cholesterin aus Nahrungsmitteln unschädlich ist, denn unser Organismus passt die Eigenproduktion und die Verteilung des Cholesterins an. Auch enthalten Pflanzenöle von Natur aus kein Cholesterin. Dennoch bewirbt man sie mit der Botschaft »enthält kein Cholesterin«. Hiermit wird eine völlig unbegründete Angst vor einem Nahrungsbestandteil geschürt, um damit Kasse zu machen – auf Kosten Ihrer Gesundheit. Denn so achtet kaum noch jemand darauf, dass beispielsweise Sonnenblumen- oder Maiskeimöl sehr hohe Konzentrationen an Omega-6-Fettsäuren aufweisen, die chronische Entzündungen fördern, aber Hauptsache, man isst kein Cholesterin.

Oft werden für unsere Gesundheit an sich schädliche Produkte mit irgendeinem Vitamin angereichert. So können Lebensmittelhersteller selbst eigentlich gesundheitsbewusste Eltern davon überzeugen, ihren Kindern mit aromatisierten Zuckerprodukten (Fruktose-Glukose-Sirup) »ein Stück Gesundheit« zu geben. Dann »nimmt« man auch gerne mal »2« und bewirkt genau das Gegenteil. Der Verzehr von Cornflakes zum Beispiel ist in seiner Wirkung auf unseren Blutzuckerspiegel mit der Zufuhr von reinem Zucker vergleichbar. Um davon abzulenken, werden auch diese mit Vitaminen angereichert, die man nicht benötigen würde, wenn man täglich frisches Obst und Gemüse isst.

Wie Sie an diesen Beispielen sehen, ist der Weg durch den Informationsdschungel hin zu einer tatsächlich artgerechten Ernährung aufgrund knallharter Geschäftspraktiken schwer zu finden. Ständig werden wir mit falschen Informationen und Halbwahrheiten in die Irre geführt. Besonders bedauerlich ist dabei der Umstand, dass sich zu jedem angeblich unklaren Studienergebnis irgendein Experte finden lässt, der bei dieser gesundheitsschädlichen Volksverdummung mitmacht. Dabei sorgen einige Medien Dank der astronomisch hohen Werbeetats der Lebensmittelkonzerne dafür, dass die teils irrwitzigen Aussagen werbewirksam verbreitet werden können.

EIN BEISPIEL: Laut Ärzte Zeitung stuft die Agentur für Krebsforschung der Weltgesundheitsorganisation (IARC) Wurst zusammen mit Tabakrauch, Asbest und Formaldehyd in die schlimmste Risikoklasse ein: als »karzinogen [krebserregend] für Menschen«.[12] Um das Risiko, an Darmkrebs zu erkranken, um durchschnittlich etwa 18 Prozent zu erhöhen, genügen schon fünfzig Gramm verarbeitetes Fleisch täglich. Sehr viele Deutsche konsumieren weit mehr. Nachdem dieses Studienergebnis bekannt geworden war (es handelte sich um eine sogenannte Metastudie, bei der 22 Wissenschaftler die Ergebnisse zu den Folgen des Fleischkonsums aus über 800 Studien auswerteten und zusammenfassten), dauerte es nur drei Tage, bis die Deutsche Fleischindustrie mit Hinweis auf einen Experten derselben

IARC, die die Studie durchführte, Entwarnung gab. Nach dessen wertgeschätzter Meinung habe der Verzehr von Fleischwaren einen hohen gesundheitlichen Nutzen, wohingegen das erhöhte Darmkrebsrisiko für den individuellen Konsumenten letztendlich nicht wirklich abschätzbar sei. Das Fazit subventionierter Massentierschlachtung zum vermeintlichen Wohle unserer Gesundheit: »Der Grundsatz einer gesunden Lebensweise durch [...] eine vielseitige und ausgewogene Ernährung – auch mit Fleisch und Wurst – gilt also weiterhin.«[13]

Das bedeutet im Klartext: Wurst ist zwar so schädlich wie Tabakrauch, Asbest und Formaldehyd, allerdings nur für die konsumierende Gesellschaft, jedoch nicht unbedingt für den einzelnen Konsumenten. Schließlich lässt sich nicht mit Sicherheit vorhersagen, welcher Wurstfreund tatsächlich eines Tages an Darmkrebs erkranken wird. Dieser Logik folgend kann man also getrost rauchen und ohne Helm freihändig Rad fahren, es lauern schließlich nur statistische Risiken. Die Gesellschaft wird weiterhin jedes Jahr zigtausende unnötige Tote zu beklagen haben, aber für den Einzelnen sind die Ergebnisse klinischer Studien weitgehend belanglos.

MEIN WEG DURCH DEN DSCHUNGEL VON ERNÄHRUNGSMYTHEN

Vor Expertenmeinungen muss gewarnt werden, denn leider weiß man nie, wer für sie bezahlt hat. Aus diesem Grund habe ich mir auf meinem Weg hin zu einer hirn- und artgerechten Ernährung bei sämtlichen Studien immer die Originaldaten angesehen. Oft sagen Daten das eine und Experten, wie im Beispiel Wurst und Darmkrebsrisiko, das andere. Bei der Beurteilung eines Nahrungsmittels mache ich es mir aber auch aus einem anderen Grund nicht leicht. Mir ist bewusst, dass ich mit meinen Empfehlungen andere Menschen beeinflusse. Da meine Familie und ich selbst zu diesen

Menschen gehören, können Sie mir glauben, dass ich sehr kritisch vorgegangen bin. Schließlich ist es mir sehr wichtig, dass sich jeder Leser selbst ein Urteil bilden kann. Ich will Sie nicht überreden, sondern überzeugen, so wie ich mich selbst überzeugt habe.

Kritisch bedeutet, dass ich stets mehrere Kriterien angewandt habe, bevor ich ein persönliches Urteil gefällt habe. Meist führte es nämlich dazu, dass ich meine eigenen bisherigen Ernährungsgewohnheiten ändern musste. Anfangs ärgerte ich mich darüber, dass ich mich über viele Jahrzehnte in gutem Glauben ungesund ernährte. Doch mittlerweile weiß ich, dass unser Organismus enorm regenerationsfähig ist: Blutgefäße können sich wieder entkalken, und selbst ein Diabetes Typ 2 kann wieder völlig verschwinden. Auch Alzheimer lässt sich umkehren, zumindest im Frühstadium. Die Vergangenheit ist zwar nicht mehr zu ändern, aber die Zukunft können wir mit dem nötigen Wissen zu unseren Gunsten beeinflussen.

Ich werde die drei Kriterien, die ich bei meinen Untersuchungen angelegt habe, nun der Reihe nach an einem praktischen Beispiel erläutern. Ich habe dazu die Milch und die aus ihr gewonnenen Produkte gewählt. Neben der Wurst wird kaum ein anderes angebliches Grundnahrungsmittel so kontrovers diskutiert, und kaum ein anderes eignet sich so gut, den beschwerlichen Weg durch Marktinteressen und geschichtliche Notwendigkeiten hin zu einer artgerechten Ernährung zu beschreiben.

DIE MILCH MACHT'S – ABER WAS MACHT SIE EIGENTLICH?

Die altbiblische Kultur basiert auf neusteinzeitlicher Hirtenwirtschaft. Aus ihr ist das Christentum hervorgegangen, weshalb auch in unserer Gesellschaft die Milch im Lebensmittelpunkt steht. Aber leben wir nun im »verheißenen Land«, nur weil tagtäglich enorme Mengen an Milch (und Honig) fließen?

Man weiß heute, dass sich das altsteinzeitliche Erbgut in den letzten Jahrzehntausenden so gut wie nicht verändert hat – im Gegensatz zu unseren Ernährungsgewohnheiten. Daher hat es durchaus einen Sinn, den Weg hin zu einer artgerechten Ernährung in dieser prähistorischen Zeit zu beginnen, der längsten Epoche der Menschheitsgeschichte, bevor Ackerbau und Viehzucht unsere Ernährungsgewohnheiten gravierend änderten. Vielleicht finden wir hier auch eine Antwort auf die Frage, ob es für unsere Gesundheit tatsächlich gut ist, dass wir über nahezu unerschöpfliche Milchquellen verfügen.

KRITERIUM 1: NATÜRLICH ODER ARTFREMD?

Die Bedürfnisse unseres Gehirns haben sich in Anpassung an eine altsteinzeitliche Lebensweise entwickelt. Diese war jedoch sicherlich nicht immer dieselbe. Auch das Leben unserer prähistorischen Vorfahren veränderte sich immer wieder. Es ist daher selbstverständlich, dass es die eine Steinzeiternährung nicht gab, und sie soll hier auch nicht idealisiert oder verherrlicht werden. Aber es gibt sehr viele Hinweise aus der neueren Forschung, die uns zeigen, welche grundsätzlichen Ernährungsgewohnheiten über die längste Zeit der Menschheitsgeschichte hinweg für unser außergewöhnliches Hirnwachstum und unsere geistige Fitness bis ins höchste Alter sorgten. Diese können wir heute aufgrund der sehr langsamen Anpassung unseres Erbguts als artgerecht betrachten.

Wie zuvor erwähnt, deutet vieles darauf hin, dass sich unsere prähistorischen Vorfahren vorwiegend von Fisch und Schalentieren (als Fischer) und auf pflanzlicher Basis (als Sammler) ernährten. Nur gelegentlich kam etwas mageres Fleisch eines erbeuteten oder schon tot aufgefundenen Wildtieres dazu. Desweiteren wurde kürzlich gezeigt, dass schon in der Altsteinzeit, sehr lange Zeit vor Beginn des Ackerbaus, Wildgetreide gesammelt und mit Mühlsteinen bearbeitet wurde, um es für den Verzehr vorzubereiten.[14] Vielfältige Vollkornprodukte gehören also zu einer natürlichen Ernährung. Das ist durchaus sinnvoll, denn Vollkorn ist reich an Energie (Stärke und Fette), vielen gesunden Inhaltsstoffen, wie Mineralstoffen, Vitaminen, Proteinen, und nicht zuletzt wichtigen Ballaststoffen. Diese haben erheblichen Einfluss auf unsere Darm- und Hirngesundheit, denn die Funktionen beider Organe sind auf vielfältige Weise miteinander verbunden.

Allerdings kam keiner unserer altsteinzeitlichen Vorfahren auf die Idee, Muttermilch anderer Lebewesen zu trinken. Abgesehen davon, dass er noch keine Viehzucht betrieb, hätte er selbst einen geglückten Versuch, Milch von einem Wildtier zu trinken, mit heftigen Bauchschmerzen bezahlt. Das beweist uns das menschliche Erbgut. Dieses gestattet von Natur aus nur Säuglingen, den in Muttermilch enthaltenen Milchzucker (Laktose) abzubauen. Nach dieser Zeit wird dieses Programm jedoch abgeschaltet. Dann wird sogar die Milch der eigenen Mutter nicht mehr vertragen. Man nennt diesen Zustand eine Laktose-Intoleranz, und er ist völlig natürlich.

Unnatürlich ist es hingegen, danach weiterhin Milch zu trinken, insbesondere die artfremde Milch von Wiederkäuern, die eigentlich nur der Ernährung von Kälbern, Ziegen- oder Schafslämmern dient.

KUHMILCH, OPTIMIERT FÜR KLEINES GEHIRN IN GROSSEM KÖRPER. *Kühe produzieren Milch für die natürliche Aufzucht ihrer neugeborenen Kälber. Sie enthält deshalb viele Hormone und eine Komposition an Nähstoffen, die für ein Kalb optimiert, aber weder für Menschenbabys noch für Erwachsene*

Vollkorn ist reich an Energie

geeignet ist. Schwangere, die viel Kuhmilch trinken, erhöhen bei ihren Neugeborenen das Geburtsgewicht, ein Risikofaktor für einige Volkskrankheiten.[15] Als Muttermilchersatz kann sie Typ-1-Diabetes fördern.[16] Darüber hinaus verändern Signalstoffe, die eigentlich an das Kalb gerichtet sind, den menschlichen Stoffwechsel und erhöhen so das Risiko, einen Typ-2-Diabetes zu entwickeln.[17] Wer als Teenager viel Milch trinkt, riskiert aber auch eine erhöhte Knochenbrüchigkeit später im Leben – also genau das Gegenteil dessen, was die Werbung verspricht.[18] Und wer während seines ganzen Lebens viel Milch trinkt, verkürzt es.[19] Kurzum, Kuhmilch sollte nicht in die menschlichen Nahrungskette gelangen.

Bei vielen Europäern und US-Amerikanern erlaubt jedoch eine Erbgutveränderung (die erst vor wenigen tausend Jahren eintrat), den in der Milch enthaltenen Milchzucker weiterhin zu Trauben- (Glucose) und Schleimzucker (Galaktose) zu verdauen. Im Gegensatz zu den meisten Afrikanern, Asiaten und Südamerikanern funktioniert bei ihnen die Abschaltung des Laktose-Abbau-Programms nicht mehr. Sie entwickeln keine natürliche Laktose-Intoleranz und können somit lebenslang ungehindert artfremde Milch trinken. Doch macht diese Mutation artfremde Milch zu einem Nahrungsmittel, das keinerlei Einfluss auf das Alzheimer-Erkrankungsrisiko hat? Diese Frage lässt sich aus dieser rein entwicklungsgeschichtlichen Betrachtung heraus nicht beantworten. Hierzu dienen uns jedoch Hinweise aus klinischen Studien.

KRITERIUM 2: EFFEKTE AUF DAS ALZHEIMER-RISIKO

Es gibt unzählige klinische Studien über den Einfluss von Ernährungsweisen, wie zum Beispiel einer mediterranen, westlichen oder asiatischen, in Bezug auf das Risiko, an Alzheimer zu erkranken. Auch solche, die mehr oder weniger gezielt Nahrungsbestandteile wie Wurst, Fisch, Milchprodukte, Oliven- oder Kokosöl auf eine Risiko-Veränderung hin untersuchten. Solche Studien sind nicht einfach durchzuführen, denn schließlich ist Ernährung nur einer von vielen Aspekten, die zum Erkrankungsrisiko beitragen können. Ein Beispiel: Wer sich pescetarisch wie ein Fischer und Sammler ernährt, macht sich meist auch Gedanken über seine langfristige körperliche und geistige Fitness – schließlich entscheidet man sich bewusst gegen die gesellschaftlich vorwiegende Ernährungsweise. Deshalb treibt ein Pescetarier vielleicht häufiger Sport oder ist vielleicht auch sonst eher bereit, etwas zu ändern und Neues zu wagen. Aus all diesen Gründen erkrankt er seltener als jemand, der die Verantwortung für seine Gesundheit dem Arzt beziehungsweise der Pharmaindustrie überlässt. In gut durchgeführten Studien wird der Einfluss all dieser verschiedenen Aspekte untersucht und bewertet.

Bezüglich unseres Beispiels deuten mehrere voneinander unabhängige Studien daraufhin, dass Milchprodukte das Alzheimer-Risiko erhöhen.[20] Dieses artfremde und damit unnatürliche Nahrungsmittel scheint sich damit tatsächlich auch als ungesund zu erweisen. Es stellt sich somit die spannende Frage, welche Bestandteile der Milch es wahrscheinlicher machen, dass der Konsument an Alzheimer erkrankt und auf welche Weise.

KRITERIUM 3: BIOLOGISCHE WIRKUNG DER NAHRUNGSBESTANDTEILE

Unsere langfristige geistige Fitness ist abhängig von der Bildung neuer Hirnzellen im Hippocampus und der Regeneration älterer Hirnzellen im gesamten Gehirn. Unter natürlichen (artgerechten) Lebensbedingungen funktioniert beides uneingeschränkt bis ins höchste Lebensalter. Allerdings müssen dabei verschiedene biologische Systeme zusammenwirken. Zu diesen Systemen gehört beispielsweise die Versorgung des Gehirns mit lebenswichtigen Baustoffen und Energie. Auch ein aktives Immunsystem, das unser Gehirn vor Infektionen und Schadstoffen schützt, spielt dabei eine entscheidende Rolle (eine Entzündung hemmt die Bildung neuer Hirnzellen). Auf alle diese Systeme haben unsere Ernährungsgewohnheiten entscheidenden Einfluss. Nahrungsbestandteile, die nur eines dieser Systeme behindern (weil sie entweder fehlen oder schlichtweg ungesund sind), erhöhen deshalb das Risiko, an Alzheimer zu erkranken. Milch enthält gleich mehrere solcher ungesunder Grundstoffe.

Einer davon ist Galaktose, die bei der Verdauung des Milchzuckers (der Laktose) entsteht. Sie erinnern sich: Menschen mit unnatürlicher Laktose-Toleranz können lebenslang Milch trinken und den darin enthaltenen Milchzucker verdauen. Wie gesundheitsgefährdend dies sein kann, zeigt die Tatsache, dass in der Forschung Infusionen mit Galaktose dazu verwendet werden, um bei Tieren Hirnfunktionsstörungen und Alzheimer auszulösen.[21] Der Grund dafür ist sehr wahrscheinlich eine durch Galaktose ausgelöste chronische Hirnentzündung.

CHRONISCHE ENTZÜNDUNG DURCH ZUCKER. *Ein hoher Blutzuckerspiegel (wie er bei Diabetikern vorkommt) macht krank, weil sich Zucker (Glucose bzw. Traubenzucker) chemisch an die Oberflächen von Körperzellen bindet. Diese Veränderungen betrachtet unser Immunsystem als Fremdkörper, gegen die es aktiv wird. Die chronische Entzündungsreaktion blockiert die Bildung neuer Hirnzellen im Hippocampus. Sehr »klebrig« und dadurch besonders entzündungsförderlich sowie wachstumsbremsend sind Galaktose (Schleimzucker) und Fruktose (Fruchtzucker). Deshalb warnt die baden-württembergische Alzheimer-Gesellschaft beim Vorbeugen gegen Alzheimer vor diesen beiden Zuckerarten.*[22] *Leider werden dennoch immer wieder Alzheimer-Patienten mit Galaktose-Präparaten behandelt. Ich kann ebenfalls nur davor warnen, ebenso wie vor Süßgetränken und Fertignahrung, da sie oft Mais- und Fruktose-Sirup als billiges Süßungsmittel enthalten. Auch Fruchtsäfte lassen die Fruchtzucker-Konzentration im Blut schnell ansteigen, weshalb man immer frisches Obst den daraus gepressten Säften vorziehen sollte.*

Die menschliche Muttermilch enthält die zuvor erwähnte Omega-3-Fettsäure DHA. Diese wirkt entzündungshemmend und ist zugleich notwendiger Baustein für das schnell heranwachsende Gehirn des Säuglings. Die Milch von Wiederkäuern (Kuh, Schaf, Ziege) hingegen liefert uns diesen Entzündungshemmer und Hirnbaustoff nicht. Stattdessen birgt deren Milchfett etwa zwei Prozent Omega-6-Fettsäuren, und die sind bei großer oder einseitiger Zufuhr entzündungsfördernd.

OMEGA-6-FETTSÄUREN – *die Dosis macht das Gift. Omega-6- und Omega-3-Fettsäuren sind essentielle Bausteine für unsere Nervenzellen. Im Gehirn werden sie im Verhältnis von eins zu eins »verbaut«. Im Immunsystem arbeiten sie ebenfalls zusammen: Botenstoffe, die aus Omega-6-Fettsäuren entstehen, aktivieren es, und solche aus Omega-3-Fettsäuren hemmen es. Auch hier wäre ein Verhältnis von eins zu eins ideal. Dies entspricht in etwa der Ernährung eines Fischers und Sammlers. Unsere moderne westliche Ernährungsweise ist jedoch sehr reich an tierischen Fetten (zu diesen zählen auch das Milchfett, hoch konzentriert in Butter, Käse und Sahne) und pflanzliche Öle, wie Sonnenblumen-, Distel- oder Maiskeimöl, die zum Großteil aus Omega-6-Fettsäuren bestehen. Hingegen essen die wenigsten Menschen ausreichend Fisch und Meeresfrüchte, die Hauptquelle von bioaktiven Omega-3-Fettsäuren. Infolge des großen Missverhältnisses zwischen Omega-6- und Omega-3-Fettsäuren bis über zwanzig zu eins kommt es zu einer chronischen Entzündungsneigung, auch im Gehirn. Zusammen mit einem absoluten Mangel am Hirnbaustoff DHA unterdrückt dies das Hippocampus-Wachstum.*

Um das Omega-6-zu-3-Fettsäuren-Verhältnis zu verbessern, sollten wir alle Nahrungsmittel einschränken, die Omega-6-Fettsäuren in größerer Konzentration enthalten und zugleich die Zufuhr an bioaktiven Omega-3-Fettsäuren erhöhen (mehr dazu im nächsten Kapitel).

Als weiteren ungesunden Bestandteil enthält Milch von Wiederkäuern sogenannte Transfettsäuren, die für die menschliche Ernährung völlig unnatürlich sind. Sie entstehen durch bakterielle Umwandlungsprozesse im Magen dieser Tiere. Transfettsäuren sind fettlöslich und reichern sich deshalb in fettreichen Milchprodukten an. Butter enthält zwischen zwei und acht Prozent, es wurden sogar Werte um zehn Prozent gemessen.

Transfettsäuren gelten als entzündungsfördernd, erhöhen das »schlechte« LDL-Cholesterin im Blut und unterstützen so die Entwicklung einer Arteriosklerose. Deshalb mahnt die Weltgesundheitsorganisation alle ihre Mitgliedsstaaten schon seit Jahrzehnten an, ihre Bürger davor zu schützen, indem Grenzwerte eingeführt werden (im industriefreundlichen Deutschland gibt es bisher noch nicht einmal eine Kennzeichnungspflicht). Transfettsäuren, gleich welcher Herkunft, erhöhen auch das Alzheimer-Risiko.[23] Schon eine tägliche Transfettzufuhr von nur 1,8 Gramm (das entspricht in etwa 30 bis 50 Gramm Butter) steigert es deutlich.[24] Die dafür verantwortlichen Mechanismen sind vielfältig und werden nach und nach aufgeklärt.[25]

TRANSFETTSÄUREN HABEN VIELE QUELLEN. *Transfettsäuren entstehen nicht nur im Wiederkäuermagen, sondern auch dann, wenn Öle erhitzt werden, die reich an mehrfach ungesättigten Fettsäuren sind. Dazu gehören Sonnenblumen- oder Maiskeim, Raps- und Distelöl. Mehrfach erhitztes Sonnenblumenöl wird in der Forschung genutzt, um bei Tieren Hirnschäden zu verursachen.[26] Es ist aber auch nicht sinnvoll, anstelle dieser Öle Butter zum Braten zu verwenden, denn sie enthält von Natur aus schon einen hohen Anteil an Transfettsäuren. In der wesentlich gesünderen asiatischen Küche wird zum Braten traditionell Kokosöl verwendet. Es besteht vorwiegend aus gesättigten Fettsäuren, die sich chemisch nicht in Transfette umwandeln. In der hirngesunden mediterranen Küche wird Olivenöl extra vergine verwendet. Dies besteht zum Großteil aus der einfach ungesättigten Ölsäure, aus der sich bei mäßiger Hitze (bis 180 °C) ebenfalls so gut wie keine Transfette bilden.*

Dennoch herrscht bei uns die Meinung vor, Milch und ihre Produkte seien gesund, denn schließlich gelten sie als Grundnahrungsmittel. Sie sind ein gewaltiger Wirtschaftsfaktor, und es wird intensiv Werbung betrieben. So wird immer noch unverhohlen der hohe Kalzium-Gehalt der Milch mit dem Slogan »gut für die Knochen« angepriesen und das, obwohl unzählige Studien zeigen, dass gerade Milchtrinker eher zu Osteoporose (Knochenschwund) neigen und somit häufiger Knochenbrüche im Alter erleiden als Menschen, die keine Milch trinken. Gesunde Knochen im Alter sind keine Errungenschaft der Milchindustrie, ganz im Gegenteil: Milchproteine führen, wie alle tierischen Proteine, zu einer Übersäuerung unseres Stoffwechsels, was Knochenphosphat zur Pufferung freisetzt und eine Entkalkung der Knochen verursacht. Gesunde Knochen sind vielmehr die Folge einer basischen Ernährung (keine Milch, wenig Fleisch, dafür jedoch viel Gemüse, Früchte und Nüsse), gepaart mit Sonnenlicht (Vitamin D) bei ausreichend Bewegung in der Natur.

WAS HÄTTE UNS HIPPOCRATES GERATEN?

Wie ist die Milch einzuordnen, wenn wir die drei Kriterien in ihrer Gesamtheit betrachten? Ist sie tatsächlich ein Grundnahrungsmittel?

Der derzeitig hohe Milchkonsum – es gibt kaum eine deutsche Mahlzeit, bei der Butter, Sahne, Käse oder Milch fehlt –, ist historisch und mittlerweile wirtschaftlich begründet, aber er ist nicht natürlich, nicht artgerecht. Darauf deuten auch die Ergebnisse einer kürzlich veröffentlichten Studie hin, danach soll sich die Lebenszeit durch häufiges Milchtrinken verkürzen.[27] Ein Lebensmittel, das die Bezeichnung Grundnahrungsmittel trägt, sollte meines Erachtens das Gegenteil bewirken.

Die Milch diente hier als Beispiel, um zu zeigen, welche Kriterien ich bei meinen Untersuchungen angelegt habe. Doch nicht immer ist die Datenlage so schlüssig. Im Zweifel gilt für mich ein sehr alter Schwur, den Ärzte zwar mittlerweile nicht mehr leisten müssen, an den sie sich jedoch ethisch immer noch gebunden fühlen: Laut hippokratischem Eid soll ein Arzt seinem Patienten bei allem, was er tut, keinen Schaden zufügen. Das bedeutet, dass er ein Nahrungsmittel, bei dem es Hinweise gibt, dass es als schädlich einzuordnen ist, auf keinen Fall empfehlen sollte. Dies gilt auch auf das Risiko hin, dass zukünftige Studien vielleicht einmal das Gegenteil beweisen. Nur so ist man auf der sicheren Seite. Insbesondere dann, um nochmals auf unser Beispiel zurückzukommen, wenn es, wie bei Milch und deren Produkten, gute und gesunde Alternativen gibt (siehe nächstes Kapitel). Doch zunächst gilt es, ein paar weitere Mythen zu entzaubern, die unsere Ernährungsweise artfremd und ungesund machen.

MYTHOS: KOHLENHYDRATE SIND GRUNDSÄTZLICH UNGESUND

Durch die zunehmende Technisierung wird körperliche Arbeit mehr und mehr von Maschinen übernommen. Durch den daraus resultierenden Bewegungsmangel steigt die Körperfülle, weshalb es in den USA Ende der 1970er Jahre zu einer politisch motivierten Kampagne gegen fettreiche Lebensmittel kam. Sie basierte auf der einfachen, aber völlig falschen Logik, Fett mache fett. Es wurde der Bevölkerung angeraten, ihre Ernährung auf vorwiegend kohlenhydratreiche Nahrungsmittel umzustellen. Daraufhin stieg zwischen 1980 und 1990 die Zahl der Amerikaner, die fettreduzierte Produkte verzehrten, um das Vierfache. Die Folgen dieser Maßnahmen gingen als amerikanisches Paradox in die Geschichte ein, denn im selben Zeitraum stieg der Anteil der Fettleibigen um weitere 31 Prozent.[28] Wie ist das zu erklären?

Erstens, fettarme Nahrungsmittel sättigen weniger, weshalb man häufiger Appetit verspürt. Zweitens, da die Ernährung kohlenhydratreich wurde, kam es immer wieder zu rasch ansteigenden Blutzuckerspiegeln. Ein hoher Blutzucker ist jedoch höchst ungesund, weil Zucker, in höherer Konzentration, alles dauerhaft verklebt, womit er in Kontakt kommt: Blutgefäße, Gehirnzellen etc. Unser Körper schützt sich davor, indem er bei hohem Blutzucker das Zuckerstress-Hormon Insulin aktiviert. Es senkt den Blutzuckerspiegel, indem es den überschüssigen Zucker in die Fettzellen einschleust. Dort wird er in Fettsäuren umgewandelt und als Fett gespeichert. Da infolge der Insulinwirkung der Blutzuckerspiegel oft zu stark absinkt, kommt es zur nächsten Hungerattacke, und das Spiel beginnt von vorne. Das führt auf Dauer zum Aufbau von immer mehr Körperfett, zumal Insulin dessen Abbau verhindert, was ebenfalls ungesund ist. Insulin wirkt so als Masthormon.

Im Grunde wurde damals versucht, die Folgen chronischen Bewegungsmangels mit Kohlenhydratmast zu mildern – was genau das Gegenteil bewirkt. Die Gegenbewegung ließ nicht lange auf sich warten, nun wurden Kohlenhydrate verteufelt. Es entstanden daraufhin viele sogenannte Low-Carb-Ernährungsprogramme, bei denen der Anteil der Kohlenhydrate in der täglichen Nahrung reduziert wird. Doch auch hier stellt sich die Frage, ob es gesund ist, den Verzehr kohlenhydratreicher Nahrungsquellen grundsätzlich zu minimieren?

Aus menschheitsgeschichtlicher Sicht lautet meine Antwort: Nein. Wir können schließlich Kohlenhydrate zu uns nehmen, auch ohne dass dadurch der Blutzucker und damit das Insulin merklich ansteigen. Dies gelingt immer dann, wenn wir (artgerecht) körperlich aktiv sind. Sobald wir uns anstrengen, nehmen unsere Muskeln, auch ohne die vorherige Aktivierung des Insulinsystems, effizient Zucker auf. Diese Phase nenne ich das »Glucosefenster«. Es half unseren steinzeitlichen Vorfahren, die sich zur Beschaffung ihrer Nahrung bewegen mussten, die dabei aufgebrauchten Zuckerreserven der Muskulatur schnell und auch gezielt wieder aufzufüllen.

GLUCOSEFENSTER: *Unsere steinzeitlichen Vorfahren mussten graben, um an stärkehaltige (zuckerreiche) Knollen zu gelangen oder auf einen Baum klettern, um Honig eines Wildbienennests zu naschen. Damit der »erbeutete« Zucker genau dorthin gelangte, wo er gerade gebraucht wurde und auch für zukünftige Nahrungssuchen wieder zur Verfügung stand (in den Muskeln statt im Fettgewebe), öffnete sich aufgrund der Muskelarbeit ein von Insulin unabhängiges Glucosefenster.*

Praktischerweise öffnet sich dieses Glucosefenster sogar schon, bevor wir körperlich aktiv werden. Das liegt daran, dass der Verdauungsvorgang immer etwas Zeit benötigt. Wenn wir uns etwa eine Viertelstunde, nachdem wir etwas Kohlenhydratreiches zu uns genommen haben, körperlich anstrengen, wird auch dann der Blutzucker kaum ansteigen, weil die arbeitenden Muskeln die erst dann ankommenden Kohlenhydrate sofort »aufsaugen« und nutzen. Auch während wir aktiv sind, können wir weiterhin Kohlenhydrate zuführen. Das Glucosefenster schließt sich erst etwa eine halbe Stunde, nachdem wir die körperliche Aktivität beendet haben. Die Kohlenhydrate, die man in dieser Zeit zu sich nimmt, könnten und sollten, falls wir uns sehr angestrengt haben, sogar leicht verdaulich sein, damit sie rechtzeitig, bevor das Fenster sich wieder schließt, den Muskeln zur Verfügung stehen.

Wenn wir in diesem zeitlichen Rahmen keine Kohlenhydrate zu uns nehmen und die Kohlenhydratspeicher in den Muskeln nicht gleich wieder aufgefüllt werden, entwickelt sich einige Zeit später unweigerlich Heißhunger. Wer jedoch dann erst bei wieder geschlossenem Glucosefenster seinen Kühlschrank plündert, erhöht seinen Blutzuckerspiegel und bewirkt damit eine Insulin-Ausschüttung. Infolgedessen werden nicht nur die Kohlenhydratspeicher in den Muskeln gefüllt, auch die Fettpolster werden aufgebaut.

KUCHEN ALS BELOHNUNG. *Bei einer Befragung heute noch immer steinzeitlich lebender Hazda in Tansania gaben beide Geschlechter an, dass ihre beliebteste Nahrung Honig ist. Die Lust auf Süßes scheint unserer Natur zu entsprechen. Das hat auch Sinn, denn Süßes hat (ebenso wie Fettes) eine hohe Energiedichte. Doch die Hazda müssen sich, um an Honig zu gelangen, körperlich anstrengen, sich ihre Belohnung verdienen. Ich freue mich auch immer wieder über ein Stück Kuchen, esse es aber auch nur nach einer längeren Wanderung oder Radtour. Allerdings darf ich es dabei nicht übertreiben: Esse ich mehr, als ich benötige, um die geleerten Speicher in den Muskeln zu füllen, steigt mein Blutzucker. Das fühlt sich dann so ungesund an wie etwa ein Überschuss an Koffein.*

Die strikte Reduktion von Kohlenhydraten aus der Ernährung führt dazu, dass viele Diäten dieser Art oft abgebrochen werden. Sie erfordern eine Lebensführung, die schlichtweg artfremd ist. Eine artgerechte Lebensweise beinhaltet körperlich Aktivität, und diese geht immer mit einem Abbau der Kohlenhydratspeicher in den Muskeln einher (selbst bei leichter Belastung, dem sogenannten »Fatburning«, werden nicht nur Fette »verbrannt«). Ein gesunder Ernährungsstil, der lebenslang praktikabel sein sollte, muss dies berücksichtigen und die Beachtung des Glucosefensters beinhalten.

MYTHOS: GESÄTTIGTE FETTSÄUREN SCHADEN DER GESUNDHEIT

Mindestens ebenso problematisch ist der Mythos um die angebliche Gefahr, die von gesättigten Fettsäuren für unsere Gesundheit ausgehen soll. Diese wurden verteufelt mit dem Ziel, billig herzustellende Pflanzenöle (wie Sonnenblumen- und Maiskeimöl) mit dem Argument vermarkten zu können, dass sie, im Gegensatz zum Kokosöl, arm an gesättigten Fettsäuren seien. Dabei sind gerade deren mehrfach ungesättigte Omega-6-Fettsäuren in größeren Mengen schädlich: Sie sorgen für ein überaktives Immunsystem und steigern sogar die Cholesterinbildung (im Gegensatz zur Aufnahme von Cholesterin durch die Nahrung ist eine solche Steigerung ungesund, da hier nun die natürliche Regulation des Cholesterinstoffwechsels gestört wird).

Um die gesundheitliche Gefahr einer Cholesterinüberproduktion und chronischen Entzündung oder einer Arteriosklerose, die von diesen Ölen ausgeht, zu vertuschen, scheute man sich nicht, eine maßgebliche klinische Studie gezielt zu manipulieren.[29] So wurde die Entdeckung, dass der erhöhte Konsum von mehrfach ungesättigten gegenüber gesättigten Fettsäuren mit einer höheren Sterblichkeitsrate einherging, in der ersten Veröffentlichung einfach nicht erwähnt. Stattdessen wurde nur der Effekt auf den Cholesterinspiegel gezeigt, der sich jedoch als völlig irrelevant herausstellte, wenn es um das langfristige Überleben der Versuchspersonen ging. Zwar erhöhen mehrfach ungesättigte Fettsäuren die Cholesterinproduktion, doch paradoxerweise senken sie dennoch den Cholesterinspiegel. Der Grund: Die Blutgefäße nehmen das vermehrt produzierte Cholesterin verstärkt auf, wodurch die Blutwerte gut aussehen auf Kosten der Blutgefäße, und es deshalb zu einer erhöhten Rate von Infarkten kommt.

Es ist nicht abzuschätzen, wie viele Menschenleben dieser wissenschaftliche Betrug gekostet hat und noch kosten wird. Schließlich ist seither der Irrglaube fest in unserem kollektiven Gedächtnis verankert, dass gesättigte

Fettsäuren ungesund seien und dass man mehrfach ungesättigte bedenkenlos verspeisen könne – oder schlimmer noch, zum Braten verwenden (wie zuvor erwähnt, nutzen Forscher chemische Produkte, die beim Erhitzen von Sonnenblumenöl entstehen, um bei Tieren schwere Hirnschäden und Alzheimer auszulösen).

Aufgrund der erfolgreichen Verteufelungskampagne scheuen viele Menschen Kokosöl zum Braten, obwohl es durch den hohen Anteil an gesättigten Fettsäuren extrem hitzebeständig ist. (Ich spreche hier von nativem Kokosöl, nicht von Palmin, das chemisch behandelt wurde oder Palmin soft, das u.a. mit Sonnenblumenöl gestreckt wurde und deshalb beim Braten Transfettsäuren bilden kann.) Gesättigte Fettsäuren aus nativem Kokosöl erhöhen darüber hinaus das sogenannte »gute Cholesterin«, das die Blutgefäße reinigt und verbessern ganz speziell die Energieversorgung des Hippocampus. Das können auch die ebenfalls gesättigten Fettsäuren, die wir von Natur aus in unserem Fettgewebe speichern und immer dann freisetzen, wenn wir fasten.

HIRNGESUNDES SPEICHERFETT: *Überschüssig zugeführte Kohlenhydrate werden in Form von gesättigten Fettsäuren in unserem Fettgewebe deponiert. Wenn wir fasten, werden diese freigesetzt. Wären gesättigte Fettsäuren tatsächlich gesundheitsgefährdend, wie man uns lange Zeit weismachen wollte und es meist immer noch tut, würde Fasten uns krank machen, aber genau das Gegenteil ist der Fall.*

Interessanterweise ist Fasten förderlich für die Energieversorgung des Hippocampus. Zudem wirkt es auf unser Gehirn wie ein Bad in einem Jungbrunnen: Nervenzellen regenerieren sich, und im Hippocampus wachsen neue Hirnzellen nach. Es ist also äußerst gesund, periodisch nichts zu essen. Das tun wir jede Nacht – bis zum Frühstück. Im Englischen heißt es »breakfast", was wörtlich bedeutet, das Fasten zu unterbrechen. Die Frage, die sich nun stellt, ist: Ist es dann überhaupt gesund, zu frühstücken?

MYTHOS: »FRÜHSTÜCKE WIE EIN KAISER«

Die allgemein akzeptierte Vorstellung, dass das Frühstück die wichtigste Mahlzeit des Tages sei, stammt sicherlich nicht aus der Altsteinzeit. Die verbreitete Angewohnheit, sich schon früh morgens den Bauch vollzuschlagen, entwickelte sich vermutlich in einer Zeit, als der Mensch begann, auf dem Feld zu arbeiten. Diese Art des Nahrungserwerbs war wesentlich anstrengender als die des Fischers und Sammlers und deshalb ohne gut gefüllten Magen kaum zu bewältigen.[30] Ob diese Ernährungsweise für den Büromenschen oder den Landwirt auf seinem Hightech-Traktor gut ist, darf jedoch angezweifelt werden.

Der Fischer und Sammler hatte keinen Kühlschrank und musste sich seine Nahrung erst fischen, suchen, ausgraben oder erklettern. Das bedeutet, er musste mit knurrendem Magen leistungsfähig sein. Das war er auch, denn seine Muskeln wurden mit Energiepaketen in Form von gesättigten Fettsäuren aus den Fettdepots versorgt. Da diese Pakete jedoch nicht direkt ins Gehirn gelangen können (gesättigten Fettsäuren ist der »Zutritt« verwehrt), glaubte man lange Zeit, das Gehirn sei zur Energieversorgung vollständig auf Zucker angewiesen. Doch das ist falsch: Unser Gehirn kann sehr wohl auf gespeicherte Energie im Fettgewebe zurückgreifen. Das Zauberwort, das den Zugang öffnet, heißt »Ketonkörper«.

Ketonkörper entstehen in der Leber entweder aus den gesättigten Fettsäuren des Kokosöls oder denen aus unseren Fettdepots. Letztere werden allerdings nur mobilisiert und können in die Leber gelangen, wenn wir längere Zeit keine den Blutzuckerspiegel erhöhenden und Insulin freisetzenden Kohlenhydrate gegessen haben. Die im Fettgewebe gespeicherte Energie in Form von Ketonkörpern wird dann zur wichtigen Nahrungsquelle unserer Hirnzellen. Ketonkörper sind sogar noch energiereicher als Zucker, gelangen problemlos ins Gehirn und benötigen dort auch kein Insulin, um den Hippocampus mit Energie zu versorgen.

KETONKÖRPER ÜBERWINDEN DIE FÜR ALZHEIMER TYPISCHE INSULINRESISTENZ. *Damit der Hippocampus Glucose (Traubenzucker) als Energiequelle nutzen kann, ist Insulin als Schleusenöffner nötig. Ein frühes Erkennungszeichen für drohenden Alzheimer ist die gestörte Öffnung der Zuckerschleusen durch Insulin im Bereich des Hippocampus. Dieser Zustand wird als neuronale Insulinresistenz bezeichnet und kann mit entsprechenden bildgebenden Verfahren lange vor Ausbruch der ersten Krankheitssymptome sichtbar gemacht werden. Die Insulinresistenz führt jedoch paradoxerweise zu einem Energiemangel im Hippocampus, wenn wir ihm nur Glucose als Energiequelle anbieten. Ketonkörper benötigen jedoch kein funktionierendes Insulinsystem, um unsere Gedächtniszentrale jederzeit mit Energie zu versorgen. Kokosöl und nächtliches Fasten sind daher gut funktionierende Maßnahmen, um eine Insulinresistenz zu umgehen und den Hippocampus mit lebenswichtiger Energie zu versorgen.*

Ketonkörper sind aber nicht nur Energielieferanten. Sie regen auch das Wachstum des Hippocampus und die Verjüngung aller älteren Nervenzellen an. Ketonkörper machen das menschliche Gehirn leistungsfähiger bei der Nahrungssuche (oder bei der Büroarbeit). Um die Ketonkörper-Produktion zu optimieren, empfiehlt es sich, abends nicht zu spät zu essen und zum Frühstück nur einen ungesüßten Kaffee oder Tee zu trinken, falls der Magen direkt nach dem Aufstehen noch nicht zu sehr knurrt und vor allem keine körperliche Arbeit ansteht. Je länger das nächtliche Fasten dauert, umso mehr tun wir es unseren prähistorischen Vorfahren gleich, auf deren Lebensweise unser Gehirn optimiert ist.

FIT BEIM (BÜRO-)FASTEN: *Das Gehirn ist vor allem dann besonders leistungsfähig, wenn wir noch nüchtern sind, denn sobald wir satt sind, werden wir träge. Früher habe ich gewohnheitsmäßig kräftig gefrühstückt. Das führte dazu, dass ich spätestens nach ein bis zwei Stunden wieder den Kühlschrank öffnete, weil das Glucosefenster bei rein sitzender Tätigkeit geschlossen blieb. Deshalb ließ das Frühstück den Blutzucker, und infolgedessen das Zuckerstresshormon Insulin, ansteigen. Der dadurch wieder abfallende Blutzucker löst Heißhunger aus und damit eine gefährliche Achterbahn, auf der ständig kohlenhydratreiches Essen gefordert wird. Seit ich das weiß, trinke ich morgens nur noch einen Kaffee und arbeite dann während des Vormittags am Schreibtisch ohne jegliches Hungergefühl: Schließlich sorgen Ketonkörper für eine gleichmäßige Energieversorgung.*

Da Ketonkörper so vielseitig gesund sind, lohnt es sich, auch tagsüber weiterhin so viele wie möglich zu produzieren. Dazu gibt es zwei weitere, einfache Tricks:

Erstens sollten wir kohlenhydratreiche Nahrungsmittel nur bei geöffnetem Kohlenhydratfenster zu uns nehmen. Dann steigen weder Blutzucker noch Insulinspiegel an, und die Ketonkörper-Produktion wird nicht unterbrochen.

Zweitens hält die Natur eine wichtige Ketonkörper-Quelle für uns bereit: das Öl der Kokosnuss. Kokosöle bestehen nahezu vollständig aus gesättigten Fettsäuren, so wie unser Speicherfett. Allerdings ist die Hälfte von mittlerer Länge, also mittelkettig. Sie haben gegenüber langkettigen Fettsäuren (aus tierischen Fettquellen) die besondere Eigenschaft, dass sie nach der Verdauung ohne Umwege in die Leber transportiert und dort zu Ketonkörpern verstoffwechselt werden. Etwa 50 Gramm täglich ist die empfohlene Menge, die unsere Leber nach kurzer Eingewöhnungszeit täglich in Ketonkörper umwandeln kann. Kokosöl ist Hirnnahrung.

KOKOSÖL IST HIRNNAHRUNG: *Ketonkörper werden auch dann aus Kokosöl gebildet, wenn wir nicht fasten, was deren Fettsäuren zu einer wichtigen Energiequelle für unser Gehirn während des Tages macht. Zudem erhöhen die Ketonkörper das »gute« Cholesterin (das sogenannte HDL), das unsere Blutgefäße vor Arteriosklerose (Verkalkung) schützt.*

Deshalb war es auch nicht verwunderlich, als Forscher kürzlich herausfanden, dass – bildlich gesprochen – die Wiege der Menschheit unter einer Kokospalme stand beziehungsweise die Entwicklung des menschlichen Gehirns von der Verfügbarkeit der Kokosnuss abhing.

Damit haben wir einen weitere Mythos der heutigen Ernährung widerlegt: Nämlich dass unser Gehirn nur Zucker als Energiequelle verwerten könne. Häufige kleinere Mahlzeiten am Tag (außerhalb des Glucosefensters), wie beispielsweise kohlenhydratreiche Snacks, unterbrechen die Produktion der für die Hirnfunktion wichtigen Ketonkörper und sind deshalb nicht gesund. Das gilt somit auch für die Traubenzucker-Stückchen, die ich noch als Schulkind zur Hirnnahrung mit in die Schule nahm.

FAZIT: WAS HÄLT UNS AB?

Wir wissen inzwischen sehr viel darüber, was eine artgerechte Ernährung auszeichnet. Dennoch setzen sich die wissenschaftlichen Erkenntnisse kaum durch. Das ist ein großes Problem, denn die meisten Menschen werden aufgrund einer marktkonformen und artfremden Ernährungsweise erkranken. Was könnten die Gründe dafür sein? – Drei Erklärungsversuche:

Kriege und die damit verbundenen Hungersnöte haben immer noch erheblichen Einfluss auf unsere Essgewohnheiten. Insbesondere für viele ältere Menschen ist es kaum verständlich, weshalb der Verzehr fettreicher Fleisch- und Milchprodukte auf Dauer krank machen soll. Schließlich steigerten diese Nahrungsmittel zu Kriegszeiten aufgrund ihres hohen Energiegehalts die Überlebenschancen.

Ein weiterer Grund könnte sein, dass viele ungesunde Nahrungsmittel (vor allem Fleischprodukte) Wohlstand suggerieren, weshalb sich viele Menschen mit diesen meist subventionierten Produkten ernähren, denn schließlich sollen sich alle wohlhabend fühlen. Infolgedessen werden auch nahezu alle Menschen mit zunehmendem Alter krank. Weil es fast alle trifft, wird dies als normal empfunden und die fatale Entwicklung kaum mit der Ernährung in Zusammenhang gebracht. Industrielle Interessensgruppen und manche von diesen finanzierte Experten bestärken uns in diesem Denkfehler und deklarieren bei Volkskrankheiten wie Alzheimer das Alter (und eben nicht die Lebensweise) als Hauptursache.

Essen geht einher mit einem Gefühl von Heimat. Dies könnte ebenfalls ein wesentlicher Grund dafür sein, dass wir ungesunde Gewohnheiten beibehalten. Schließlich hat das, was uns schmeckt, viel mit früher Prägung zu tun. In vielen Gesprächen zu diesem Thema kam bei mir der Verdacht auf, dass eine (an sich dringend nötige) Veränderung des Essverhaltens bei nicht wenigen Menschen Gefühle auslöst, die vielleicht vergleichbar sind mit einem Verlust der Heimat. Ich selbst benötigte zwar nicht sehr lange, bis ich Wurst, Butter und vitalstoffarmes Weißbrot als ungesund akzeptierte, aber es dauerte dennoch eine gewisse Zeit, bis ich wirklich davon wegkam (schließlich sind mit diesen Nahrungsmitteln viele Kindheitserinnerungen verknüpft). Für die Umstellung musste ich meinen Verstand bemühen, nur allmählich änderte sich mein Empfinden.

Das war eine wichtige Erfahrung: Was wir als lecker empfinden, ist jederzeit veränderbar. Zum Beispiel trank ich Kaffee früher nur mit viel Zucker und Sahne, so wie mein Großvater ihn mochte und es mir vorgelebt hatte. Heute schmeckt er mir nur noch ungesüßt. Inzwischen weiß ich, dass eine artgerechte Ernährung sehr gut schmeckt und dass man in keiner Weise an Lebensqualität einbüßt. Genau das Gegenteil ist der Fall.

KAPITEL 3:

WARENKUNDE HIRNGESUNDER ZUTATEN – WAS MAN WANN ESSEN SOLLTE, UND WAS NICHT

EIN ÜBERBLICK

Wie sieht nun eine hirngesunde Ernährung aus? Zunächst einmal ist es wichtig, sich daran zu erinnern, dass Essen mehr ist, als nur den Magen zu füllen. Unsere Ernährung darf nicht losgelöst von anderen wichtigen Aspekten unseres Lebens betrachtet werden. Essen sollte, wenn immer möglich, ein gesellschaftliches Ereignis sein. Dann bringt es uns mit Freunden oder der Familie zusammen an einen Tisch, bietet Gelegenheit zum sozialen Austausch und schafft so gemeinsame Erinnerungen, die uns verbinden. Ab und zu gemeinsam zu kochen und neue Rezepte und Gewürze auszuprobieren, mit alternativen Zutaten und Kompositionen zu spielen, macht die Gaumenfreuden noch wertvoller, da man sie mit anderen teilt. Darüber hinaus sollte unsere Ernährung den nötigen Schlaf nicht behindern, uns aber auch nicht müde machen, wenn wir arbeiten müssen. Sie muss uns genügend Energie liefern für die Aufrechterhaltung unseres Stoffwechsels. Dabei muss sie uns mit ausreichend Vitalstoffen versorgen, die unser Organismus aufgrund der Anpassung an seine altsteinzeitliche Vergangenheit auch heute noch benötigt. Letztendlich ist eine vitalstoffreiche Ernährung ausschlaggebend für die Erhaltung unserer körperlichen und geistigen Leistungsfähigkeit.

Unsere Vorfahren waren Fischer und Sammler. Eine artgerechte Ernährung muss deshalb, wie die alten und geistig fitten Bewohner Okinawas sagen, reich an Früchten des Wassers (Fische und Schalentiere) und insbesondere des Bodens (Gemüse, Salate und Früchte, aber auch Körner und Nüsse) sein. Nur gelegentlich kam in prähistorischen Zeiten Fleisch dazu, dann jedoch von wilden Tieren, nicht von gemästeten aus der Massentierhaltung. Eine Ernährung, die vorwiegend auf pflanzlicher Basis beruht, nennt man »basenüberschüssig«, denn im Gegensatz zu tierischen Proteinen bildet pflanzliche Nahrung bei der Verdauung keinen Überschuss an Säuren, die unsere Gewebe belasten. Sie ist zudem mineral-, ballast- und vitalstoffreicher.

Diese Art der Ernährung kommt einer traditionell asiatischen, aber auch einer mediterranen sehr nahe. Es ist daher nicht erstaunlich, dass sie mit einem hohen Anteil an Olivenöl, Gemüse, Früchten und Nüssen, relativ viel Fisch und wenig Milch- und Fleischprodukten das Gehirn im Vergleich zu einer westlichen Ernährung um einige Jahre langsamer altern lässt.[31] Dabei wirkt sich dieser Schutz insbesondere auf die Regionen des Gehirns aus, die für eine Schädigung durch Alzheimer besonders empfindlich sind.[32] Dies zeigt, dass eine sehr vielfältige und zugleich schmackhafte Ernährungsweise unsere geistige Fitness positiv beeinflussen kann. Gesundes Essen ist nämlich gerade deshalb so gesund, weil es vielfältig und reich an Gewürzen ist.

Aber man kann noch mehr tun: Alle Lebensmittel sollten, wenn möglich, aus biologischem Anbau stammen, da nahezu alle Pestizide das Hippocampus-Wachstum beeinträchtigen. Zudem sollten sie schonend zubereitet werden, um die Inhaltstoffe nicht zu schädigen. Darüber hinaus ist jedoch nicht nur wichtig, was man isst, sondern auch wann.

TÄGLICH FASTEN LEICHTGEMACHT

Vor dem ersten Essen des Tages liegt in der Regel eine Periode des (nächtlichen) Fastens. Wie Sie nun wissen, setzen Fettzellen, solange man nüchtern ist, Fettsäuren frei, die in der Leber zu Ketonkörpern verstoffwechselt werden. Ketonkörper ernähren das Gehirn nicht nur, sie unterstützen auch dessen Regeneration und aktivieren das Wachstum des Hippocampus. Ideal ist es deshalb, diese natürliche Fastenperiode so lange wie möglich aufrechtzuerhalten, um die Bildung von Ketonkörpern (Ketogenese) nicht zu unterbrechen, denn erst nach etwa 8–12 Stunden des Fastens kommt die Ketogenese so richtig in Fahrt.

Früchte des Wassers

Stehen nach dem Aufstehen nur Büroarbeit oder andere sitzende Tätigkeiten an, bei denen das Glucosefenster geschlossen bleibt, wäre es deshalb sinnvoll, nichts zu frühstücken oder nur etwas, das den Blutzucker nicht ansteigen lässt (zum Beispiel ein paar Nüsse). Wird erst das Mittagessen zur richtigen Mahlzeit, erreicht man leicht bis zu 16 Stunden tägliches Fasten. Eine derart lange Phase der täglichen Ketogenese war vermutlich typisch für unsere prähistorischen Vorfahren, weshalb eine entsprechende Ernährungsweise auch für uns als die gesündeste gilt.[33]

Wer dies versuchen möchte, sollte etwas Geduld mit sich haben. Die Umstellung unseres Erbgutprogramms auf einen ketogenen Stoffwechsel benötigt in der Regel einige Tage. In dieser täglichen Fastenperiode muss aber auch nicht völlig auf Nahrung verzichtet werden, um die Ketogenese aufrechtzuerhalten. Es gilt ja nur, den Blutzuckerspiegel nicht ansteigen zu lassen, wodurch das freigesetzte Insulin die Ketogenese unterbrechen würde. Man kann daher die Zeit bis zum Mittagessen mit kleinen Snacks (siehe Seite 136), die eine sehr geringe glykämische Last (GL) haben, überbrücken. Das bedeutet, dass ihr Verzehr den Blutzuckerspiegel so gut wie nicht verändert. Nüsse, mediterrane Antipasti und die meisten Obstsorten (frisch, nicht getrocknet) haben eine derart niedrige GL, dass sie uns ein »Fasten ohne zu fasten« ermöglichen.

»GLYKÄMISCHE LAST« (GL) *ist das relative (Aus-)Maß eines Nahrungsmittels oder einer Mahlzeit, den Blutzuckerspiegel zu erhöhen. Bei der Untersuchung des Blutzuckers wird gewöhnlich nur Glucose (Traubenzucker) gemessen. Der Verzehr von reinem Traubenzucker führt deshalb zum höchsten Blutzuckeranstieg. Hundert Gramm Traubenzucker haben eine GL von etwa 100, und damit werden alle anderen Nahrungsmittel verglichen. Eine GL von über 20 gilt schon als hoch, weil der entsprechende Blutzuckeranstieg eine Insulinfreisetzung auslöst. Sehr viel höhere*

GL-Werte haben beispielsweise Cornflakes (GL 70), Brezeln (GL 55), Baguette (GL 48) oder Rosinen (GL 47). Eine niedrige GL liegt bei Werten unter 10. Diese haben Nüsse (GL etwa 0!), frisches Obst (GL meist 2–4, nur Weintrauben und reife Bananen haben eine GL bis 10), Gemüse (GL meist bei 0, selten bis 5) oder Fisch und Meeresfrüchte (GL wenig über 0).[34]

ZUCKER IST NICHT GLEICH ZUCKER

Bei der Blutzuckerbestimmung wird nicht der Gesamtblutzucker gemessen, sondern nur Glucose. Das ist wichtig zu wissen. Denn dadurch wird der gesundheitliche (krankmachende) Effekt von künstlicher Fructose (Fruchtzucker), die man beispielsweise in Form von Fructose-Sirup zu sich nimmt, völlig unterschätzt beziehungsweise ignoriert. Hundert Gramm Fruchtzucker müssten aufgrund der Tatsache, dass man zur Bestimmung der GL nur Glucose misst, eigentlich einen Wert von Null haben (obwohl Fructose den Gesamtblutzucker stark erhöht). Aber weil Fructose den Glucose-Stoffwechsel indirekt (negativ) beeinflusst, erzeugt auch Fructose eine GL von etwa 19. Agavendicksaft zum Beispiel, der zu einem großen Anteil aus Fructose besteht, hat nur eine GL von 9 (wie gesagt, man misst nicht den Anstieg der Fructose im Blut, sondern indirekt deren Auswirkung auf den Glucose-Stoffwechsel). Die niedrige GL verleitet viele Ratgeber dazu, Agavendicksaft als gesundes Süßungsmittel zu bezeichnen. Das ist jedoch eine Fehleinschätzung, da Fructose in konzentrierter Form (also nicht in der natürlichen Konzentration, wie man sie in Früchten findet) sogar noch wesentlich schädlicher ist als Glucose.

FRUCHTZUCKER – LOCKSTOFF DER NATUR, UND DER INDUSTRIE. *Pflanzen nutzen die Süße der Fructose in ihren Früchten dazu, Tiere anzulocken, damit ihre Samen weiträumig verbreitet werden. Daher ist mehr oder weniger Fructose in nahezu allen Obst- und sogar Gemüsesorten enthalten. Für den Abbau dieser natürlichen Mengen und Konzentrationen an Fructose sind wir von Natur aus bestens befähigt. Doch mit Fructose im Haushaltszucker (Anteil von 50 Prozent) oder im Fructose-Glucose-Sirup (Anteil bis zu 90 Prozent) werden sehr hohe und damit schädigende Fructose-Spiegel in Blut und Gehirn erreicht. Insbesondere der gentechnisch hergestellte High-Fructose-Corn-Syrup (HFCS) ist heutzutage in etlichen Fertigprodukten und Getränken zu finden.*

Auch Milchzucker (GL 46) weist nur deshalb einen geringeren GL-Wert als reine Glucose auf, weil er nur zur Hälfte aus Glucose besteht, die andere Hälfte ist Galaktose. Deren Beitrag zur Erhöhung des Gesamtblutzuckers und die gesundheitlichen Risiken werden, wie bei der Fructose, ebenfalls leicht übersehen.

Man sollte sich bei der GL darüber im Klaren sein, dass es sich um einen experimentell ermittelten (Labor-)Wert handelt. Die Frage ist also, was die GL im praktischen Leben bedeutet. Schließlich isst für gewöhnlich niemand pur 100 Gramm Haushaltszucker (GL 68), Rosinen (GL 47) oder Honig (GL 40) – Cornflakes allerdings schon.

Etwas Honig zum Süßen wird den Blutzucker meist nicht merklich ändern (eine Portion von 20 Gramm hat eine GL von 8). Dasselbe gilt für ein paar Rosinen im Studentenfutter. Aber Vorsicht: Meist werden den teuren Nüssen eine viel zu große Menge an relativ billigen Rosinen zugefügt, sodass die Mischung weniger gesund ist. Man sollte sich daher sein Studentenfutter – wie alle Speisen – selbst zubereiten (Rezept Seite 136). Aus demselben Grund sollte man auch Marmelade besser selbst herstellen, und zwar eher als Fruchtaufstrich. Gekaufte Marmelade hat in der Regel einen Zuckeranteil von bis zu 60 %. Stellt man sie mit nur einem Zehntel Anteil an Vollrohrzucker her und friert man sie in kleinen Portionen ein, hat man das Problem der hohen GL gelöst (siehe Rezept Seite 104) und zugleich den Anteil an gesunden Vitalstoffen erhöht. Das Einkochen von Früchten zu Marmelade stammt noch aus einer Zeit, als es weder Gefrier- noch Kühlschrank gab. Aber wer zwingt uns dazu, weiterhin so zu tun, als hätten sich die Zeiten nicht geändert?

ZUCKER – EIN KOSTBARES GEWÜRZ. *Früher galt Zucker als weißes Gold, teuer und nur reichen Menschen vorbehalten. Das war aber kein Problem, denn Zucker ist nicht lebenswichtig. Auch wenn er durch massive Subventionen (Stichwort: Europäische Zuckermarktordung) billig geworden ist, sollte er weiterhin höchst sparsam eingesetzt werden, rein aus geschmacklichen Gründen, wie ein Gewürz. Wie bei allen Gewürzen tritt schnell Gewohnheit ein und man neigt dazu, die Dosis zu erhöhen (was die Nahrungsmittelindustrie seit Jahrzehnten macht). Nur wenn Sie selbst kochen, haben Sie es in der Hand, die tägliche Zuckermenge niedrig zu halten und dadurch Ihr Geschmacksempfinden nicht zu verändern. Man gewöhnt sich dann sehr schnell an ein niedrigeres Zuckerniveau, und andere Aromen treten wieder stärker in den Vordergrund. Zugleich wird man dabei auch wieder empfindlicher, was einen akut erhöhten Zuckerspiegel betrifft, der sich dann einstellt, wenn man doch wieder überzuckerte Speisen außerhalb des Glucosefensters zu sich nimmt. Bei mir fühlt es sich dann an wie viel zu viel Koffein – dann wird Zucker auch akut spürbar zu weißem Gift.*

Meine grundsätzliche Empfehlung: Verzichten Sie auf Süßgetränke, Fertigprodukte und künstliche Süßungsmittel. Viele neue Zuckersorten, die mit niedriger GL aufwarten, haben meist eine für unseren Organismus ungewohnte chemische Zusammensetzung (wie Sorbit [E420], Mannit [E421], Isomalt [E953], Maltit [E965] und Lactit [E966], Xylit [E967] oder Erythrit [E968]). Sie werden in aufwändigen chemischen Prozessen hergestellt. Unser Körper kann die Zuckeralkohole nur schlecht verwerten, sodass noch unklar ist, welche langfristigen Folgen durch deren Verzehr zu erwarten sind (kurzfristig führen sie oft zu Blähungen).

Ersetzen Sie einfachen Haushaltszucker durch braunen Vollrohrzucker (GL 68) oder besser noch durch Honig (GL 40), da er mehr Süßkraft besitzt und reicher an gesunden Vitalstoffen ist. Wir selbst favorisieren Trockenfrüchte wie Rosinen, Datteln (GL 69) oder Feigen (GL 26 bei 100 Gramm). Benutzen Sie auch diese natürlichen Alternativen wie ein teures, wertvolles Gewürz, also stets in den kleinstmöglichen Mengen.

ZUBEREITUNG UND ZUSAMMENSETZUNG

Nicht nur die zugeführte Menge eines Nahrungsmittels hat Einfluss auf den Blutzucker und damit auf die tatsächliche GL, sondern auch dessen Zubereitung und Kombination mit anderen Zutaten. So lassen 100 Gramm weichgekochte Spagetti (GL 12–15) den Blutzucker deutlich mehr ansteigen als dieselbe Menge, die noch bissfest zubereitet ist (GL 10). »Al dente« wird Pasta schlichtweg langsamer verdaut, sodass der aus Stärke freigesetzte Zucker langsamer ins Blut gelangt und der Blutzuckeranstieg insgesamt auch deutlich geringer ausfällt. Pasta al dente mit Olivenöl genossen verstärkt den GL-senkenden Effekt, da Öle den Verdauungsvorgang ebenfalls verzögern. Aufgrund dieser Wirkung müssten Öle (GL 0, da kohlenhydratfrei), eigentlich eine negative GL aufweisen.

Auch Proteine und Ballaststoffe verzögern die Verdauung und senken den GL eines Nahrungsmittels. Deshalb haben Nudeln aus ballaststoff-, fett- und proteinreicherem Vollkorn von vorneherein nur eine GL von 10 und solche aus der Mungbohne (eine Hülsenfrucht wie Linse, Erbse oder Erdnuss) sogar nur eine GL von 8. Aber nicht nur wegen des GL-senkenden Effekts ist Vollkornbrot (z.B. Pumpernickel GL 20) gesünder als Weißbrot (GL 33), es ist auch reicher an Vitalstoffen (siehe Textbox Seite 66 »Kleine Mehlkunde«).

Ebenso verzögern Gemüse oder Salat den Verdauungsvorgang und reduzieren dadurch die GL von Reis, Pasta und Brot (ebenso wie deren Säureüberschuss). Somit tragen die reichliche Verwendung von Oliven- und Kokosöl, aber auch Gemüse, Salate und Rohkost, dazu bei, den Blutzucker und unseren Stoffwechsel positiv zu beeinflussen.

Nicht zuletzt wird die Wirkung einer Mahlzeit auf den Blutzucker maßgeblich durch körperliche Aktivität bestimmt, da sie das Glucosefenster öffnet. Steht zum Beispiel morgens gleich nach dem Aufstehen körperliche Arbeit an, spricht nichts gegen ein reichhaltiges, kohlenhydrathaltiges Frühstück. Im Gegenteil, schließlich gelangt die glykämische Last der Mahlzeit durch ein bald darauf geöffnetes Glucosefenster zu den aktiven Muskeln. Dadurch bleibt der Blutzuckerspiegel nahezu unverändert, und die ankommenden Kohlenhydrate werden gleich zur Energiegewinnung »verbrannt«.

Je nach Art des Tagesablaufs sollte man auch seine Ernährung ausrichten. Insbesondere die Zufuhr kohlhydratreicher Nahrungsmittel sollte auf den tatsächlichen Bedarf abgestimmt sein. Es ist günstig, Nahrungsmittel mit einem hohen glykämischen Index (GL über 20) bei geöffnetem Glucosefenster zu sich zu nehmen (also kurz vor oder gleich nach der körperlichen Arbeit, sozusagen zur Belohnung), oder zumindest mit vielen GL-senkenden Zutaten kombiniert.

ALTERNATIVE MEHLSORTEN ERHÖHEN DIE VITALSTOFFDICHTE

Weizen ist eine der weltweit am meisten konsumierten Getreidesorten und dessen Mehl das Nahrungsmittel, das unsere tägliche GL am stärksten erhöht. Im Gegensatz zum Wildgetreide unserer steinzeitlichen Vorfahren ist Kulturweizen eine auf höchstmögliche Erträge hin gekreuzte und auf industrielle Backprozesse angepasste Zuchtform. Dabei stieg insbesondere der Anteil am Klebereiweiß, dem sogenannten Gluten. Das für Weißbrot generell am häufigsten verwendete Mehl, Typ 405, enthält knapp 9 Prozent Gluten, Dinkelmehl, Type 630, sogar über 10 Prozent. Den niedrigsten Glutenwert industrieller Getreidesorten hat Roggen mit etwa 3 Prozent.

KLEINE MEHLKUNDE: *Die Typenbezeichnung gibt, unabhängig von der Getreidesorte, an, wie viel Milligramm (tausendstel Gramm) Mineralstoffe in hundert Gramm Mehl enthalten sind. Vollkornmehl hat die Typenzahl 1700 oder 1800, ist also sehr mineralstoffreich. Es enthält den nährstoffreichen Keimling und die ballaststoffreiche Kleie (äußere Schutzschicht des Korns). Für Weißmehl, Typ 405, werden Keimling und Kleie entfernt. Es ist daher sehr stärkehaltig und hat nur noch etwa ein Viertel des ursprünglichen Gehalts an Mineral- und anderen Vitalstoffen. Vollkornmehle sind daher gesünder, sollten jedoch idealerweise frisch gemahlen sein, um einen guten Geschmack und hohen Vitamingehalt zu gewährleisten.*

Mittlerweile entwickeln immer mehr Menschen eine Empfindlichkeit gegen Gluten (obwohl zu den Darmstörungen auch viele andere ungesunde

Buchweizen – reich an Vitaminen und Mineralstoffen

Ernährungs- und Lebensgewohnheiten beitragen, nicht zuletzt Ballaststoff- oder Bewegungsmangel), daher kommen immer mehr glutenfreie Mehlsorten auf den Markt. Zu diesen Alternativen gehören Mehl aus Pseudogetreide (wie Buchweizen, Amaranth oder Quinoa), aus Hülsenfrüchten (wie Kichererbsen, Linsen, Mungobohnen, aber auch Sojabohnen oder Lupinen), aus Nüssen (wie Mandeln, Kokos oder Kastanien) und nicht zuletzt Hanf- oder Leinsamen. Alle diese Mehle sind vitalstoffreicher als die industriell verarbeiteten Getreidesorten und geschmacklich interessant. Hier nur eine kleine Auswahl, um deren Vorzüge zu illustrieren:

PSEUDOGETREIDE

Allen Mehlen aus Pseudogetreiden ist gemeinsam, dass sie, im Gegensatz zu den meisten anderen alternativen Mehlsorten (wie die aus Hülsenfrüchten, Nüssen etc., siehe unten), einen hohen Anteil an Kohlenhydraten haben. Obwohl dieser bei etwa 60–70 Prozent liegt und damit nahe an den der gewöhnlichen Getreidemehle herankommt, ist deren GL mit Werten etwa zwischen 10 bis 20 um das Zwei- bis Vierfache niedriger.

Buchweizen ist kein Weizen, auch wenn der Name dies suggeriert, sondern stammt aus einem Knöterichgewächs. Buchweizenmehl ist reich an den Vitaminen E, B1 und B2, zudem besitzt es viele wertvolle Mineralstoffe.

Amaranth wird auch als »Inka-Weizen« bezeichnet. Es ist mit etwa 18 Prozent das proteinreichste Pseudogetreide. Ebenfalls enthalten die Körner viele Vitamine und Mineralien. Aber Vorsicht, der GL-Wert von 23 dieses Mehls ist höher als der anderer Pseudogetreide, und der von gepufftem Amaranth erreicht sogar GL-Werte von über 70 und ist damit sehr hoch.

Quinoa enthält ebenfalls viele hochwertige Proteine, Vitamine, Mineralstoffe und sekundäre Pflanzenstoffe und ist daher ebenfalls ein guter Ersatz für herkömmliche Getreidesorten.

HÜLSENFRÜCHTE

Lupinenmehl ist, wie das aller Hülsenfrüchte, reich an Ballaststoffen mit sehr niedriger GL. Das im Mehl vorhandene Lupinenprotein (über 40 Prozent!) besitzt eine sehr hohe biologische Wertigkeit, weil es alle essentiellen Aminosäuren liefert, die der Mensch mit der Nahrung aufnehmen sollte. Es enthält die Proteinbausteine Lysin und Tryptophan, die in traditionellen Getreidemehlen nur spärlich vorkommen. Das pflanzliche Protein der Lupine gilt als basisch, im Gegensatz zu tierischem, wie beispielsweise das der Milch, das den Stoffwechsel auf ungesunde Weise mit Säuren belastet. Um die Vitalstoffdichte von Getreiderezepten (Pfannkuchen, Brot etc.) zu erhöhen, kann bis zu ein Fünftel der gesamten Mehlmenge durch Lupinenmehl ersetzt werden. Aufgrund des geringeren Kohlenhydratgehalts sinkt im finalen Produkt die GL, während die Proteinqualität steigt. Lupinenmehl liefert viel zweiwertiges Eisen, das für die Blutbildung direkt verfügbar ist, sowie viele Vitamine (wie A und E). Lupinenmehl ist mehr als nur ein sehr gesunder Fleischersatz. Aber Vorsicht: Bei Menschen mit Allergie gegen Erdnüsse oder andere Hülsenfrüchte kann es zu Kreuzreaktionen kommen!

Kichererbsen-, Linsen- und Mungobohnenmehl werden ebenfalls aus Hülsenfrüchten gewonnen und haben ähnlich vorteilhafte Zusammensetzungen wie das Lupinenmehl. Im Gegensatz zu diesem können sie jedoch andere Mehlsorten zu 100 Prozent ersetzen. Pasta kann vollständig aus deren protein- und ballaststoffreichen Mehlen hergestellt werden (siehe Seite 144 und 164). Beispielsweise enthalten 100 Gramm Pasta aus Mungobohnen 11 Gramm Ballaststoffe, 22 Gramm wertvolles Protein und in etwa die Hälfte des Tagesbedarfs an Kupfer, Magnesium, Eisen oder Vitamin B1 und K.

NUSSMEHLE

Mandelmehl kann in Rezepten gewöhnliche Getreidemehlsorten vollständig ersetzen. Nur bei einem Hefeteig sollte der Mandelmehlanteil nicht höher als ein Fünftel sein, da er ansonsten nicht gut aufgeht (das gilt auch für Mehl von Hülsenfrüchten). Die Liste der positiven Eigenschaften der Mandel würde ein eigenes Buch füllen und damit hier den Rahmen sprengen. Sie beinhalten viele B-Vitamine. Fünfzig Gramm decken den Tagesbedarf an Vitamin E. Mandeln sind voller Antioxidantien, die schädliche freie Radikale im Körper abfangen. Dazu liefern sie viele basisch wirkende Mineralstoffe wie Kalzium, Phosphor, Kalium und Zink. Darüber hinaus sind Mandeln eine ausgezeichnete Eisenquelle. Nicht zuletzt verfügen sie über einen hohen Anteil an sehr gesunden Fettsäuren, die in ihrer Zusammensetzung mit der des Olivenöls vergleichbar sind. Deshalb empfehle ich Mandelmehl, das aus dem gesamten Nusskern gewonnen wird und nicht das aus dem Presskuchen, der übrig bleibt, nachdem das wertvolle Öl zum Großteil herausgepresst wurde.

Dieses vollwertigere (nicht teilentölte) Mandelmehl hat, wie das Mehl nahezu aller Nüsse, einen hohen Proteinanteil, eine extrem niedrige glykämische Last, dazu viele Ballaststoffe, wie ein Vergleich mit gewöhnlichem Weizenmehl eindrücklich verdeutlicht:

100 GRAMM ENTHALTEN	PROTEIN	KOHLEN-HYDRATE	FETT-SÄUREN	BALLAST-STOFFE	KALORIEN
Mandelmehl teilentölt	53	4	14	15	350
Mandelmehl nicht entölt	24	6	53	11	590
Weizenmehl Typ 405 11	11	71	1	4	340

Wie Sie sehen, hat das nicht teilentölte, vollwertige Mandelmehl aufgrund des höheren Fettanteils mehr Kalorien. Mit dem Argument der geringeren Kalorienmenge wird daher oft für das teilentölte Mehl geworben. Doch die Menge an gutem Nussöl, die dem entölten Mehl entzogen wurde, kann man an Öl einsparen, das man dem Teig ansonsten zufügen würde, was das Argument mit den Kalorien sinnlos macht.

Kokosmehl wird meist entölt vermarktet. Dennoch enthält es immer noch bis zu 10 Prozent sehr gesunde mittelkettige Fettsäuren, die zu gehirngängigen Ketonkörpern verwandelt werden können. Wie Mandelmehl ist Kokosmehl reich an Ballaststoffen sowie hochwertigen Proteinen und dabei arm an Kohlenhydraten. Aufgrund seiner guten Quelleigenschaft eignet sich Kokosmehl schon in sehr kleinen Mengen als hervorragendes Bindemittel für Suppen und Saucen. Bei allen Rezepten, die Mehl benötigen, können bis zu 10 Prozent mit Kokosmehl ersetzt werden. So verleiht man dem Gericht eine leicht exotische Note. Zudem liefert es aufgrund seines außergewöhnlich hohen Selengehalts ein lebenswichtiges Mineral, an dem es bei Nahrungsmitteln, die in weiten Teilen Europas erzeugt werden, aufgrund der lokalen Bodenbeschaffenheit oft mangelt.

LEINMEHL

Leinmehl ist ein Produkt, welches bei der Kaltpressung von hochwertigem Leinöl entsteht. Dabei bleibt ein hoher Anteil essentieller Omega-3-Fettsäuren im Mehlprodukt erhalten. Zudem enthält das Leinmehl, je nach Hersteller, bis zu 40 Prozent Protein, bis zu 35 Prozent Ballaststoffe und so gut wie keine Kohlenhydrate. Es ist sehr vitaminreich (B1, B6 und B9) und eine gute Quelle für Magnesium und Kalzium.

HANFMEHL

Hanfmehl ist zum Kochen und Backen sowie zum Binden von Suppen und Saucen bestens geeignet. Es verleiht den Speisen einen angenehmen Geschmack, der an Nüsse erinnert. Da Hanfmehl unter der Verwendung von Hefe nicht aufgeht, sollte damit beim Backen nur bis zu einem Sechstel eines Getreidemehles ersetzt werden. Es enthält wenig, aber dafür wertvolle Fettsäuren (etwa 8 Prozent) und wenig Kohlenhydrate (etwa 3 Prozent), hingegen einen extrem hohen Anteil an Ballaststoffen (etwa 50 Prozent). Sein Protein (etwa 30 Prozent) ist für die menschliche Versorgung optimal zusammengesetzt, sodass man sich für lange Zeit ausschließlich von Hanfmehl ernähren könnte.

Es würde den Rahmen dieses Buches sprengen, auf weitere alternativen Mehlsorten im Detail einzugehen, zumal ständig neue auf den Markt kommen beziehungsweise entdeckt werden, die in sehr alten Kulturen genutzt wurden oder Teil einer steinzeitlichen Ernährung waren.

Wichtig ist mir nur, deutlich zu machen, dass es mehr unter der Sonne gibt als Weißbrot und es sich aus vielen Gründen lohnt, neugierig zu sein und selbst zu experimentieren. Eine gesunde, artgerechte Ernährungsweise ist vitalstoffreicher, komplexer und geschmacklich vielfältiger als die moderne westliche. Zudem werden bei der industrialisierten Ernährung nahezu alle Speisen künstlich »aufgepeppt« durch Zusatz von Aromastoffen und Geschmacksverstärkern, mit Zuckersirup und prozessierten, meist ungesunden Ölen – alles Zutaten, die Sie beim Kochen, Braten und Backen selbst nie verwenden würden.

ÖLWECHSEL

Ist Fett bei Raumtemperatur flüssig, nennt man es Öl. Fett beziehungsweise Öl ist doppelt so energiereich wie Zucker oder Stärke, dafür ist es aber wesentlich stärker sättigend, was die Kalorienzufuhr senkt. Da es die Verdauung verzögert, senkt es die glykämische Last von Speisen. Zudem fördert

Öl die Aufnahme der fettlöslichen Vitamine A, D, E und K. Einige mehrfach ungesättigte Fettsäuren sind lebenswichtig (Omega-3- und Omega-6-Fettsäuren) und daher gesund – solange wir sie, wie auch andere Nahrungsbestandteile, nicht in unnatürlichen Öl-Mengen zu uns nehmen. Das gilt insbesondere für Omega-6-Fettsäuren. Es macht einen Unterschied, ob wir, wie unsere Vorfahren, vielleicht gelegentlich ein paar Sonnenblumenkerne essen oder das konzentrierte Öl, das zum Großteil aus Omega-6-Fettsäuren besteht, das gesamte Jahr zu uns nehmen. Öle mit einem extrem hohen Gehalt an dieser Fettsäure sollten meines Erachtens in einer gesunden Küche keine Verwendung finden. Ich rate daher, Sonnenblumen-, Maiskeim- oder Distelöl durch alternative Öle zu ersetzen. Raps-[35], Hanf- und Leinöl beispielsweise besitzen ein hirngesünderes Verhältnis von Omega-3- zu Omega-6-Fettsäuren.

Grundsätzlich sollten die zur Ölgewinnung genutzten Samen stets aus biologischem Anbau stammen. Bei Produkten aus herkömmlicher Landwirtschaft besteht immer die Gefahr, dass sich im Öl hirnschädliche Pestizide angereichert haben. Zudem sollten Sie ausschließlich kaltgepresste Öle verwenden. Insbesondere die darin enthaltenen mehrfach ungesättigten Fettsäuren neigen dazu, sich unter Wärmeeinfluss chemisch zu verändern und Transfette zu bilden. Daher sollten alle diese Öle kalt verzehrt werden, beispielsweise als Salatdressing (Seite 116) oder zur Zubereitung einer Mayonnaise (Seite 100). Auch Lichteinfall bei der Lagerung führt zur Entstehung von ungesunden Transfetten, was diesen Ölen einen ranzigen Geschmack verleiht. Aus diesem Grund sollten Öle, die reich an ungesättigten Fettsäuren sind, stets kühl und vor allem dunkel aufbewahrt werden.

HIRNSCHÄDLICHE ÖLE ZUM BRATEN UND FRITTIEREN.
Die konventionelle Nahrungsmittelindustrie bewirbt herkömmliche Sonnenblumen- und Rapsöle als ideal zum Braten und Frittieren, obwohl sie einen hohen Gehalt an mehrfach ungesättigten

Fettsäuren aufweisen. Tatsächlich haben sie trotzdem einen ungewöhnlich hohen Rauchpunkt. Dieser bezeichnet die Temperatur, bei der ein Öl oder Fett qualmt, sich chemisch verändert und höchst gesundheitsschädlich wird. Dabei wird leider verschwiegen, dass diese Öle nur deshalb einen so hohen Rauchpunkt haben, weil sie bei ihrer Herstellung entweder chemisch gehärtet oder heiß gepresst und danach chemisch entschlackt und raffiniert wurden.

Öle verschiedener Herkunft sind sehr unterschiedlich in ihrer Zusammensetzung, und nur ihre richtige Anwendung in der Küche gewährleistet eine hirngesunde Ernährung, das gilt insbesondere für die warme Küche:

- Kokosöl eignet sich aufgrund seines sehr hohen Gehalts an gesättigten Fettsäuren (über 90 Prozent) hervorragend zum Frittieren, Braten und Backen. Zudem sorgt es für eine fortlaufende Produktion hirngesunder Ketonkörper. Da es bei Raumtemperatur streichfähig ist (es wird erst ab 25 °C flüssig), ist es auch als Brotaufstrich geeignet und ein guter Ersatz für Butter. An den leicht kokosartigen Geschmack gewöhnt man sich (leider, wie ich finde) sehr schnell, sodass er immer weniger hervortritt.

- An zweiter Stelle zum Braten steht für mich das Olivenöl, insbesondere für mediterrane Gerichte. Es hat einen hohen Gehalt der einfach ungesättigten Ölsäure (zum Teil über 80 Prozent) und sollte deshalb nicht über 180 °C erhitzt werden. Ideal ist es jedoch, wenn man es kalt genießt, weil so die darin reichlich enthaltenen Vitamine nicht geschädigt werden. Daher braten wir in der Regel auch mediterrane Speisen mit Kokosöl und überträufeln sie vor dem Verzehr mit Olivenöl extra vergine aus biologischem Anbau.

- An dritter Stelle möchte ich »hochölsäurehaltige Sonnenblumenöle« erwähnen. Biomärkte bieten dieses alternative Sonnenblumenöl an, das aus dem Samen einer neuen Zuchtform gewonnen wird. Es weist eine völlig andere Fettsäurezusammensetzung als herkömmliches Sonnenblumenöl auf. Anstatt über 70 Prozent der (in dieser hohen Konzentration schädlichen) Omega-6-Fettsäuren enthalten sie nur etwa zwei Prozent, wenn zugleich der Anteil an Ölsäure bei über 90 Prozent liegt. Dieses auch als »high-oleic« bezeichnete Sonnenblumenöl kann zum Braten verwendet werden. Allerdings sollten Sie beim Kauf darauf achten, dass es tatsächlich diesen hohen Anteil an Ölsäure besitzt und nicht raffiniert wurde.

- An letzter Stelle sind vielleicht noch Avocado- und Erdnussöl zu nennen. Meines Erachtens sollten jedoch beide besser als Salatöl beziehungsweise als Zutat verwendet werden. Sie verleihen Speisen eine jeweils eigene nussige Note und sind sehr gesund.

Grundsätzlich sollten Sie jedoch – egal welches Bratöl Sie favorisieren – immer schonend braten. Auch wenn das Bratöl aufgrund seiner Zusammensetzung einen hohen Rauchpunkt aufweist, werden ungewünschte chemische Prozesse schon in Gang gesetzt, bevor sie diesen erreichen. Zudem hat das Bratgut selbst in der Regel einen weitaus niedrigeren Rauchpunkt. Nicht nur viele Vitalstoffe fallen der Hitzeeinwirkung zum Opfer, es entstehen auch gesundheitsschädliche, chemische Veränderungen.[36] Studien haben ergeben, dass beispielsweise frittierter Fisch seine hirngesunde Wirkung verliert, da vermutlich sämtliche Omega-3-Fettsäuren der Hitze zum Opfer fielen. Braten Sie also immer bei so niedrigen Temperaturen wie möglich, auch wenn es dadurch etwas länger dauern mag, bis das Essen auf den Tisch kommt.

NAHRUNG ODER NAHRUNGSERGÄNZUNG?– BEISPIEL ALGENÖL

Viele Fischarten (wie europäischer Aal, Dornhai alias »Schillerlocke«, Schwertfisch und Blauflossenthunfisch) sind durch Plastikmüll und Überfischung vom Aussterben bedroht. Darüber hinaus weisen sie wie zum Beispiel Königsmakrelen enorm hohe Konzentrationen an gehirnschädlichem Methylquecksilber auf. Unser Fischer- und Sammlergehirn benötigt daher dringend alternative Ölquellen mit bioaktiven Omega-3-Fettsäuren (EPA und DHA, siehe Seite 26 ff). Die einzigen Quellen dieser bioaktiven Omega-3-Fettsäuren waren bis vor Kurzem Fische, Meeresfrüchte und Krill. Um den täglichen Bedarf von etwa zwei Gramm zu decken (ein Wert, der in Studien die besten Effekte erzielt), müssten wir 500 bis 700 Gramm Fisch pro Woche (wie Sardelle, Lachs, Hering oder Forelle) essen. Das schaffen die wenigsten, auch ich esse nicht so viel. Deshalb decke ich meinen Bedarf an fischfreien Tagen mit einem Teelöffel (5 Milliliter) Algenöl. Es wird aus Meeresalgen gewonnen. Sie stehen am Anfang der marinen Nahrungskette und versorgen auch Fische mit EPA und DHA.

ALGENÖL *ist wie Fischöl in Kapseln erhältlich, aber auch flüssig. Der Vorteil von flüssigem Algenöl ist der, dass es auf den aktiven Inhalt (DHA und EPA) bezogen gegenüber Kapseln oft kostengünstiger ist. Darüber hinaus enthält es keine künstlichen Zusatzstoffe wie zum Beispiel modifizierte Maisstärke, Glycerin und Säureregulatoren. Algenöl ist auch für Veganer bestens geeignet. Die speziellen Meeresalgen werden umweltschonend in mit Salz versetzten Süßwassertanks gezüchtet.*[37] *Dadurch sind sie von Natur aus frei von jedweden Schadstoffen, mit denen Fisch belastet ist. Algenöl-Kapseln vertreiben viele Hersteller. Die einzige Bezugs-Quelle für flüssiges Algenöl mit meines Erachtens sehr* *gutem DHA- und EPA-Gehalt ist derzeit (Stand Mai 2017) Omega-3 Vegan von San Omega (Norsan). Es sollte kühl und dunkel gelagert und keinesfalls erhitzt werden.*

NAHRUNG ODER NAHRUNGSERGÄNZUNG? – BEISPIEL VITAMIN D

Im Sommer besteht die Möglichkeit, dass wir über unsere Haut genügend Sonne »tanken«, um ausreichend Vitamin D selbst herstellen zu können (dann ist es nur ein Hormon). Außerhalb des Sommers ist fettreicher Fisch die beste Quelle (dann ist es tatsächlich ein Vitamin), für die hoch im Norden lebenden Inuit ist es sogar die einzige, da dort das Sonnenlicht das ganze Jahr über zu schräg einfällt, um selbst Vitamin D über die Haut produzieren zu können. Da die wenigsten Nordeuropäer sich so fischreich ernähren wie die Inuit, müssen sie spätestens im Winter und im Frühjahr, wenn die Vorräte in der Leber aufgebraucht sind, Vitamin D ergänzen – doch oft bleibt ein Mangel unerkannt, und das hat eine lange Reihe gesundheitlicher Konsequenzen. Ich empfehle daher eine regelmäßig durchgeführte ärztliche Untersuchung, bei der am besten gleich alle Vitamine und wichtigen Spurenelemente überprüft werden, um Defizite entweder durch eine Ernährungsumstellung oder notfalls mittels einer gezielten Nahrungsergänzung ausgleichen zu können.

Um eine Vitamin-D-Konzentration von etwa 100 nmol/Liter (gemessen wird die Speicherform 25-OH-D3 in Nanomol pro Liter Blut) im Blut zu erreichen, die das Risiko von Alzheimer (wie auch das einiger Krebsarten oder Herzkreislauferkrankungen) nachgewiesenermaßen senkt, kann, abhängig von der Jahreszeit, der Ernährung und vieler anderer Faktoren, eine tägliche Einnahme von mehreren Tausend IE (Internationalen Einheiten) an Vitamin D nötig sein.[38] Diese hohe Einnahmemenge steht im Gegensatz zu den oft (noch) viel zu niedrigen Dosierungsempfehlungen einiger Fachgesellschaften. Dabei ist die Studienlage eindeutig und ein Umdenken dringend erforderlich. Da Vitamin D fettlöslich ist, sollte die Einnahme immer zusammen mit fettreichen Speisen erfolgen.

Was für das Beispiel Vitamin D gilt, lässt sich auf alle Vitamine (hier insbesondere sämtliche B-Vitamine) und Spurenelemente (wie Zink und Selen) übertragen. Es besteht immer die Gefahr, dass aus diversen Gründen und trotz gesunder Ernährung keine ausreichende Versorgung erreicht wird.

AUSREICHEND TRINKEN – UND DAS RICHTIGE

Trinken Sie ausreichend! Eine artgerechte, ballaststoffreiche Ernährung steigert den Bedarf an Flüssigkeit ebenso wie ein Mehr an gesundheitsbewusster Bewegung. Wie viel Trinken genug ist, müssen Sie für sich selbst herausfinden. Die meisten Menschen benötigen 1,5 bis 2 Liter täglich, plus das, was man als Schweiß durch intensive körperliche Arbeit oder Sport verliert. Ein Hinweis: Wenn der Harn dunkelgelb ist, war es sicher zu wenig. Stellen Sie schon morgens Ihren Grundbedarf bereit (für körperliche Arbeit noch etwas extra), so haben Sie einen Überblick, ob Sie bis abends genug getrunken haben.

Um die morgendliche Ketogenese aufrechtzuerhalten, habe ich mir angewöhnt, dem ersten Anflug von Appetit mit einem Glas Mineralwasser zu begegnen. Erst dann folgen Nüsse oder etwas Obst. Die Qualität von Leitungswasser ist in Deutschland meist gut, jedoch oft nicht ausreichend, um den Bedarf an einigen wichtigen Mineralien zu decken. Insbesondere enthält es selten genügend Lithium.

Lithium ist ein neu entdecktes Spurenelement, das schon in sehr geringen Dosierungen in biologische Prozesse eingreift, die bei Alzheimer von therapeutischem Nutzen sind (hemmt die Alzheimer-Toxinbildung und aktiviert die Entstehung neuer Hirnzellen im Hippocampus). Schon eine geringe Menge von 0,3 Milligramm am Tag genügt, um den Krankheitsverlauf deutlich zu verlangsamen.[39] Es ist daher naheliegend, dass Lithium auch das Risiko einer Erkrankung senkt, also vorbeugend wirkt. Natürliche Quelle sind lithiumhaltige Mineralwasser. Das in meiner Familie verwendete Heilwasser (Staatlich Fachingen) beispielsweise enthält Lithium in einer Konzentration von etwa 0,7 Milligramm pro Liter. Damit genügt etwa ein halber Liter täglich, um die erforderliche Menge einzunehmen. Wäre die Lithium-Konzentration höher, würde entsprechend weniger Heilwasser genügen. Fragen Sie in Ihrem Getränkemarkt nach, welche lithiumhaltigen Sorten angeboten werden.

Im traditionellen Okinawa der hirngesunden Alten trinkt man literweise grünen Tee. Dieser enthält nachgewiesenermaßen Wirkstoffe gegen viele verschiedene Krankheitsmechanismen von Alzheimer. Dasselbe gilt für Griechischen Bergtee und viele andere Tees, die bei uns, also eher in nördlicheren Breiten, wachsen (Hopfen, Pfefferminze etc.). Auch Kakao und Kaffee enthalten wirksame Substanzen.[40]

Milch wird in Okinawa nicht getrunken, sie kann und sollte auch bei uns von der Getränkeliste verschwinden. So wie Sie Butter mit Kokosöl, Sahne mit Kokosmilch oder Sojasahne (aber Vorsicht, sie besteht oft zu einem hohen Anteil aus Sonnenblumenöl) oder Joghurt mit einem entsprechenden Soja-Produkt ersetzen können, so gibt es auch für die Kuhmilch Nuss-, Getreide- oder Soja-Produkte als Alternativen.

Obst ist gesund, also folgert man, dass Fruchtsäfte besonders gesund sind. Allerdings ist es viel leichter, einen Liter Saft zu trinken als die entsprechende Menge von zwei bis drei Kilogramm Obst zu essen. Im Vergleich dazu mangelt es dem Fruchtsaft an Ballaststoffen, was die relative hohe Konzentration an Fructose schnell ins Blut befördert und damit schädlich ist. Also lassen Sie Obstsäfte entweder ganz weg oder trinken Sie sie verdünnt, entweder mit Wasser oder, noch besser, als sogenannte Smoothies mit Wildkräutern oder Gemüse, dann tun Sie etwas Gutes für Ihre Gesundheit.

Beim Trinken wenige Stunden vor der Nachtruhe sollte man grundsätzlich darauf achten, dass man nichts zu sich nimmt, das einen wachhalten oder den Tiefschlaf stören könnte, wie beispielsweise koffeinhaltige Getränke (dazu gehören auch einige Teesorten). Alkohol stört ebenfalls den Nachtschlaf und damit auch die Bildung neuer Hirnzellen im Hippocampus. Man sollte deshalb mit alkoholischen Getränken sehr maßvoll umgehen, besser ganz darauf verzichten.

ALKOHOL *wirkt sich laut Studien, auch selbst in moderaten Mengen, negativ auf die Gesundheit des Gehirns aus. Insbesondere der Abbau des Hippocampus folgt einer Dosis-Wirkung-Beziehung.*[41] *Das bedeutet: Je mehr Alkohol regelmäßig getrunken wird, desto größer das Schrumpfen des Hippocampus und der Abbau der geistigen Fitness – und das schon bei geringsten Mengen. Ein schützender Effekt durch ein oder weniger als ein Glas (Wein oder Bier) pro Tag konnte nicht festgestellt werden, obwohl dies immer wieder als gesundheitsförderlich propagiert wird. Aufgrund dieser wichtigen Erkenntnisse ist die Mittelmeerdiät weiterhin als gesund zu betrachten, aber nicht wegen des Gläschens Rotwein (das in manchen Ländern zur Kultur gehört), sondern trotz dessen. Die Autoren der neuesten Studie sehen aus diesem Grund Gesundheitsbehörden weltweit in der Pflicht, die Bevölkerung vor den ungesunden Folgen auch geringfügigen Alkoholkonsums zu warnen.*

DAS GANZE IST MEHR ALS DIE SUMME SEINER TEILE

Obst, Gemüse, Nüsse und Gewürze werden durch analytische Forschung auf wirkungsvolle Einzelsubstanzen hin untersucht. Diese werden extrahiert, gemessen und auf ihre Funktion hin getestet: Gelbwurz auf Curcuminoide, Grüner Tee auf Epigallocatechin-3-Gallate (EGCG), Petersilie, Artischocken, Basilikum und Sellerie auf Apigenine oder Rotwein auf Resveratrol, um nur einige wenige biologisch wirksame Inhaltstoffe zu nennen. Diese Art der Forschung ist sehr interessant und liefert uns viele Erkenntnisse. Sie kann aber auch – wenn wir nicht aufpassen – leicht das Gegenteil bewirken. Wir laufen Gefahr zu glauben, dass wir nur noch EGCG oder Resveratrol, schlucken müssen, um Alzheimer und viele andere Volkskrankheiten in den Griff zu bekommen. Dabei lassen wir völlig außer Acht, dass unsere Natur viel komplexer und nicht an die isolierte Wirkung von Einzelsubstanzen angepasst ist. Unsere Vorfahren aßen Trauben, nicht reines Resveratrol, und kauten vielleicht Teeblätter, aber sie schluckten definitiv kein EGCG in Pillenform. Daher sollte es uns nicht überraschen, dass eine Ernährung reich an Kurkuma (Gelbwurz) uns vor Alzheimer schützt, reines Curcumin (der Wirkstoff der Kurkuma) hingegen kaum wirkt. Der Grund: Wer Kurkuma in seiner Küche verwendet, würzt meist auch mit Pfeffer, und erst das Zusammenspiel dieser beiden Gewürze erhöht die Wirksamkeit der Kurkuma – und zwar um etwa das Zwanzigfache![42] Auch Fisch (DHA und EPA) und grüner Tee (EGCG) sind gemeinsam wesentlich stärker beim Vorbeugen gegen Alzheimer.[43]

FAZIT: HILFE ZUR SELBSTHILFE

Welche Bedeutung haben solche Erkenntnisse für uns? Welchen Weg wollen wir einschlagen, wenn wir bis ins höchste Alter unsere geistige Fitness behalten wollen?

Das Ziel dieser kulinarischen Reise hin zu einer artgerechten Ernährung, die uns ganz natürlich vor Alzheimer & Co. schützt, kann rein wissenschaftlich niemals vollständig erklärt und begründet sein. Jede Erkenntnis, jede Antwort auf dem Weg dahin eröffnet viele neue Fragen und damit ein immer komplexer werdendes Wegenetz, in dem man sich leicht verlieren kann. Um uns nicht zu verirren, sollten wir bei unserem Marsch immer auf die Natur vertrauen. Schließlich enthält unser jeweiliges Erbgut die Lebenserfahrung mehrerer Milliarden Jahre evolutionärer Entwicklung.

Aus diesem Grund war es mir bei dieser kurzen Einführung in die kulturelle Entwicklung beziehungsweise Fehlentwicklung unserer heutigen Ernährungsweise wichtig, Ihnen einen Kompass für eine eigenständige Entdeckungsreise an die Hand zu geben – hin zu einer Ernährung, die wieder im Einklang mit der menschlichen Natur ist. Hören Sie also wieder auf Ihren Körper und bleiben Sie neugierig. Ein ständig wachsender Hippocampus wird Ihnen dabei helfen, Ihre eigenen Erfahrungen auch zum Wohle Ihrer Kinder und Enkel weiterzugeben.

Die nun folgenden Rezepte sind Produkte der Reise, die ich zusammen mit meiner Familie begonnen habe. Sie können sie als Wegmarkierung für Ihre eigene nutzen.

Wir wünschen auch Ihnen guten Appetit!

Nahrungspyramide
Altsteinzeit
Honig
wildes Getreide
Pilze, Nüsse, Eier etc.
Wild, Krustentiere, Fisch
Früchte, Wurzeln, Samen, Beeren, Sprossen, Gemüse, Hülsenfrüchte, etc.
EINKLANG
FEHLENTWICKLUNG
prozessiertes Getreide, Zucker
Fleisch aus Tiermast, Wurst
Milch, Käse
Obst, Gemüse
Eier
Nahrungspyramide
Konsumzeit

REZEPTE:

UNVERGESSLICHE REZEPTE GEGEN ALZHEIMER & Co.

Legende

👥	=	*Anzahl der Portionen. Sollten andere Einheiten zubereitet werden, sind diese extra benannt.*
E%	=	*Energieprozent: Diese Zahl drückt den prozentualen Anteil des Nährstoffs an der Gesamtenergie aus.*

DREI MÜSLI-REZEPTE

Zubereitungszeit: jeweils ca. 10 Minuten, Ruhezeit: mindestens 2 Stunden

MÜSLI MIT ZITRONE-KOKOS-DINKELFLOCKEN

Kokosmilch aus der Dose in einer Schüssel zu einer homogenen Flüssigkeit verrühren und in ein Schraubglas abfüllen. Die Kokosmilch lässt sich so ein paar Tage im Kühlschrank aufbewahren.

50 ml Kokosmilch
200 ml Sojadrink
2 TL Honig
2 TL Chiasamen
1 Prise Bourbon Vanille, gemahlen
1 EL Kokosflocken
Etwas Schalenabrieb einer Bio-Zitrone
50 g Vollkorn-Dinkelflocken
1 Handvoll Kokos-Chips

Alle Zutaten bis auf die Kokos-Chips vermischen und bei Raumtemperatur mindestens 2 Stunden ziehen lassen, bis die Flocken die Flüssigkeit aufgenommen haben. Wenn das Müsli erst am nächsten Tag gegessen wird, im Kühlschrank ziehen lassen. Vor dem Verzehr reichlich frische Beeren oder anderes Obst untermischen und mit Kokos-Chips garnieren.

1 Portion ohne Obst (ca. 145 g): 295 kcal, 9 g Eiweiß (12 E%), 17 g Fett (53 E%), 25 g Kohlenhydrate (35 E%)

Chiasamen

Natürliche Pillen voll biologischer Wirkung. Sie sind reich an wertvollen Spurenelementen, Vitaminen, Ballaststoffen, Proteinen und Omega-3-Fettsäuren.

MÜSLI MIT MANDEL-KAKAO-FLOCKEN

200 ml Mandeldrink
2 TL Chiasamen
2 TL Honig
2 EL Kakaopulver
1 EL Mandelmus (siehe Rezept Seite 114; alternativ: fertiges Mandelmus aus dem Bioladen)
20 g gehackte Mandeln
50 g Vollkorn-Dinkelflocken

Alle Zutaten vermischen und bei Raumtemperatur mindestens 2 Stunden ziehen lassen, bis die Flocken die Flüssigkeit aufgenommen haben. Wenn das Müsli erst am nächsten Tag gegessen wird, im Kühlschrank ziehen lassen. Vor dem Verzehr reichlich frische Beeren oder anderes Obst untermischen.

1 Portion ohne Obst (ca. 165 g): 320 kcal, 12 g Eiweiß (16 E%), 18 g Fett (51 E%), 26 g Kohlenhydrate (33 E%)

MÜSLI MIT ZIMT-HAFERFLOCKEN

3 TL Erdnussmus (siehe Rezept Seite 114; alternativ: fertiges Erdnussmus aus dem Bioladen)
2 EL Ahornsirup
1 TL Zimt
2 TL Chiasamen
1 Prise Bourbon Vanille, gemahlen
200 ml Sojadrink
50 g Vollkorn-Haferflocken

Alle Zutaten vermischen und bei Raumtemperatur mindestens 2 Stunden ziehen lassen, bis die Flocken die Flüssigkeit aufgenommen haben. Wenn das Müsli erst am nächsten Tag gegessen wird, im Kühlschrank ziehen lassen. Vor dem Verzehr reichlich frische Beeren oder anderes Obst untermischen.

1 Portion ohne Obst (ca. 155 g): 290 kcal, 13 g Eiweiß (18 E%), 13 g Fett (42 E%), 28 g Kohlenhydrate (40 E%)

TIPP:
Die Hafer- oder Dinkelflocken können auch durch andere Vollkornflockenarten ersetzt werden.

FLOHSAMEN-NUSSBROT

Ergibt etwa 20 Scheiben Zubereitungszeit: ca. 30 Minuten, Ruhezeit: mindestens 2 Stunden, Backzeit: 30–40 Minuten

135 g Sonnenblumenkerne
90 g Leinsamen
65 g Haselnüsse
145 g Haferflocken
2 EL Chiasamen
10 g Flohsamenschalen
1 TL Salz

Zunächst alle trockenen Zutaten in eine Schüssel geben, vermischen und beiseitestellen.

350 ml Wasser
1 EL Honig
75 g Kokosöl (wird ab 25 °C flüssig, evtl. Wasserbad)

Das Wasser mit dem Honig und dem flüssigen Kokosöl in einer weiteren Schüssel verrühren und die trockenen Zutaten dazugeben. Alles vermengen, bis eine gleichmäßige Masse entstanden ist. In eine mit Backpapier ausgelegte Kastenform (30 x 10 x 8 cm) geben und mindestens 2 Stunden – besser über Nacht – bei Zimmertemperatur ruhen lassen.

Den Ofen auf 175 °C (Umluft) vorheizen und das Brot zunächst für 20 Minuten backen. Das Brot aus der Kastenform nehmen, mit der Oberseite nach unten direkt auf das Ofengitter legen und weitere 10–20 Minuten backen. Das Brot ist fertig, wenn es beim Klopftest hohl klingt. Vor dem Schneiden vollständig abkühlen lassen.

1 Scheibe (ca. 45 g): 140 kcal, 5 g Eiweiß (13 E%), 10 g Fett (65 E%), 8 g Kohlenhydrate (22 E%)

Flohsamenschalen

Flohsamenschalen sind reich an Ballaststoffen. Sie senken Blutfette, Cholesterin und Blutdruck und verzögern den Blutzuckeranstieg nach der Mahlzeit.

OLIVENBROT

20 Scheiben Zubereitungszeit: ca. 30 Minuten, Gehzeit: ca. 2,5 Stunden, Backzeit: 30 Minuten

1 Hefewürfel
½ TL Vollrohrzucker
4 EL handwarmes Wasser

Die Hefe in die Schüssel einer Rührmaschine zerbröseln und mit dem Rohrzucker sowie 4 EL handwarmem Wasser verrühren. 10 Minuten stehen lassen.

200 g Dinkelvollkornmehl
200 g Dinkelmehl, Type 1050
50 g Mandelmehl
5 EL Sesamsaat, ungeschält
1 gestr. TL Salz
1 TL getrockneter Oregano

Inzwischen die drei Mehle, die Sesamsaat, das Salz und den getrockneten Oregano mischen.

300 ml handwarmes Wasser
3 EL Olivenöl

Die Mehlmischung zusammen mit dem Wasser und dem Olivenöl zur Hefe geben und mit dem Knethaken unterrühren. Den Teig ca. 1 Stunde gehen lassen, bis er sich etwa verdoppelt hat.

100 g grüne, entsteinte Oliven grob hacken und unter den Teig heben.

Den Teig zu einem Laib formen und auf ein mit Backpapier ausgelegtes Blech legen. Mit einem Küchentuch bedeckt nochmals ca. 1 Stunde gehen lassen. In den auf 200 °C (Umluft 175 °C) vorgeheizten Backofen schieben. Nach 15 Minuten mit Wasser einpinseln und weitere 10–15 Minuten backen. Auf einem Küchenrost abkühlen lassen.

1 Scheibe (ca. 50 g): 120 kcal, 5 g Eiweiß (17 E%), 4 g Fett (33 E%), 14 g Kohlenhydrate (50 E%)

VERSCHIEDENE AUFSTRICHE

PAPRIKA-KAROTTEN-AUFSTRICH

ca. 30 Minuten

1 Frühlingszwiebel	putzen und in Ringe schneiden.
150 g Karotten	ungeschält in Scheiben schneiden.
1 rote Paprikaschote	waschen, putzen und in Stücke schneiden.
1 EL Kokosöl	in einem Topf erhitzen.

Die Frühlingszwiebelringe darin anschwitzen. Karotten, Paprika und etwas Wasser dazugeben und so lange köcheln lassen, bis die Karotten weich sind.

½ TL Salz
Pfeffer aus der Mühle
½ TL Kurkuma
½ TL Tomatenmark
Ein paar Tropfen Zitronensaft

Zusammen mit Salz, Pfeffer, Kurkuma und Tomatenmark pürieren und abkühlen lassen. Mit Zitronensaft abschmecken.

1 Portion (ca. 85 g): 50 kcal, 1 g Eiweiß (7 E%), 3 g Fett (51 E%), 5 g Kohlenhydrate (42 E%)

TIPP: Der Aufstrich bleibt im Kühlschrank 2 Tage frisch. Als Alternativen zu Paprika und Karotten schmecken auch Auberginen und Zucchini.

LACHSCREME

ca. 10–15 Minuten

100 g Räucherlachs	mit dem Stabmixer pürieren.
50 g Soja-Alternative zu Quark	(z. B. von Provamel)
Ein paar Tropfen Zitronensaft	
Pfeffer aus der Mühle	

Quarkersatz und den Zitronensaft unter den pürierten Lachs rühren. Den Pfeffer darüber mahlen.

1 Portion (ca. 75 g): 115 kcal, 12 g Eiweiß (41 E%), 7 g Fett (52 E%), 2 g Kohlenhydrate (7 E%)

TIPP: Als Alternativen zum Räucherlachs eignen sich auch Makrele oder Forelle.

PETERSILIEN-AUFSTRICH

ca. 10–15 Minuten

150 g Petersilie	waschen und kleinschneiden.
60 g Kerne-Mischung	(Sonnenblumen-, Kürbis-, Pinienkerne)
60 g Parmesanersatz	(von Seite 182)
½ TL Salz	
Pfeffer aus der Mühle	
100 ml Olivenöl	
Eine Handvoll frische Kräuter	(z. B. Oregano, Thymian, Majoran)

TIPP:
Der Aufstrich lässt sich im Kühlschrank 1 Woche aufbewahren. Als Alternativen zu Petersilie eignen sich beispielsweise Bärlauch oder Koriander.

Die Petersilie in einem Standmixer zusammen mit der Kerne-Mischung, dem Parmesan-Ersatz, Salz, Pfeffer, Olivenöl und den Kräutern pürieren. Dabei nur so viel Olivenöl verwenden, dass die Masse nicht zu flüssig wird und streichfähig bleibt.

1 Portion (ca. 65 g): 220 kcal, 4 g Eiweiß (7 E%), 21 g Fett (87 E%), 3 g Kohlenhydrate (6 E%)

Anregung

Es gibt zahlreiche leckere und sehr gesunde Alternativen zu Wurst und Käse. Experimentieren Sie selbst. Ihrer Kreativität sind keine Grenzen gesetzt.

BRUSCHETTA

Zubereitungszeit: ca. 20 Minuten, Backzeit: ca. 8 Minuten

Den Backofen auf 200 °C (Umluft 175 °C) vorheizen.

4 große Tomaten in kleine Würfel schneiden.
3 Zehen Knoblauch schälen und pressen.
Salz
Pfeffer aus der Mühle
2 EL Olivenöl

In einer Schüssel die Tomatenstücke mit dem Knoblauch vermengen, mit Salz und Pfeffer abschmecken und kurz ziehen lassen. Dann das Olivenöl unterheben.

4 Scheiben Vollkorn-Ciabatta auf ein Backblech legen.
Etwas Olivenöl

Die Brotscheiben mit etwas Olivenöl beträufeln und im Backofen in ca. 8 Minuten schön kross backen.

1 Handvoll Basilikumblättchen fein schneiden.

Die Basilikumblättchen unter die Tomaten-Mischung heben, danach auf die Brotscheiben verteilen und servieren.

1 Portion (ca. 150 g): 185 kcal, 7 g Eiweiß (15 E%), 7 g Fett (36 E%), 22 g Kohlenhydrate (49 E%)

Knoblauch

Knoblauch verlangsamt die Alterung und stabilisiert den Blutdruck. Er ist auch eine potente Waffe gegen Bakterien und Krebs. Die Wunderknolle wirkt am besten roh verzehrt. Wenn alle davon essen, stört auch niemanden ihr Geruch.

SELBSTGEMACHTE MAYONNAISE

10 Minuten

Eigelb und Öl sollten dieselbe Temperatur haben. Deshalb die Eier 2 Stunden vor der Zubereitung aus dem Kühlschrank nehmen.

3 Eier trennen. Das Eiweiß für ein anderes Gericht im Kühlschrank aufbewahren. Die Eigelbe in eine geeignete Schüssel geben. (Es gibt dafür spezielle Schüsseln, es geht aber auch mit einer am Boden abgerundeten Cromarganschüssel und zur Not auch mit einem Mixbecher.) Die Eigelbe so lange rühren, bis sie schaumig sind.

150 ml Rapsöl erst dann tropfenweise (!) hineinrühren. Dafür wirklich Zeit lassen und nicht eine größere Menge auf einmal hineingießen.

½ Zitrone auspressen.

Wenn die Masse fest wird, unter Rühren den Zitronensaft dazugeben. (Auch diesen langsam unterrühren, sodass die Geschmeidigkeit der Masse erhalten bleibt.)

½ TL Salz
Pfeffer aus der Mühle
½ TL Estragon (oder, je nach Geschmack, Thymian, Oregano oder Rosmarin)

Zum Schluss Salz, Pfeffer und Estragon einrühren.

1 Portion (ca. 60 g): 400 kcal, 3 g Eiweiß (2 E%), 43 g Fett (97 E%), <1 g Kohlenhydrate (1 E%)

TIPP: Die Herstellung erfordert ein bisschen Übung. Sollte die Mayonnaise nicht auf Anhieb gelingen und die Masse nicht fest werden, beginnen Sie den Prozess noch einmal in einer anderen Schüssel mit 2 weiteren Eigelben. Diese zunächst wieder schaumig rühren und – anstelle von Öl – nach und nach die misslungene Masse einrühren.

Rapsöl

Rapsöl, biologisch angebaut und schonend verarbeitet, liefert reichlich Vitamin E und Omega-3-Fettsäuren: Es verbessert u. a. den Cholesterinstoffwechsel und erhöht die Insulinsensitivität.

VARIATION: Zur Variation kann man auch ein bisschen Senf oder etwas Estragonessig dazugeben.

Selbstgemachte Mayonnaise ist vielseitig einsetzbar, zum Beispiel als Beigabe zu Salatdressings oder eben als Sauce oder Dip. Sie ersetzt auch wunderbar die Sauce Hollandaise zu weißem Spargel und ermöglicht somit die Vermeidung von Butter.

INFO: Übriggebliebene Mayonnaise auf jeden Fall im Kühlschrank aufbewahren und innerhalb von 2 Tagen verbrauchen. Auch sollten unbedingt ganz frische Eier verwendet werden.

GUACAMOLE

5 Minuten

2 Avocados	halbieren und entkernen. Das Fruchtfleisch mit einem großen Löffel aus der Schale heben und mit einer Gabel zerquetschen.
1 Limette	auspressen.
1 EL Olivenöl	
1 Prise Salz	
1 Handvoll Koriandergrün	
Pfeffer aus der Mühle	

Mit dem Limettensaft, dem Olivenöl, dem Salz und dem gehackten Koriandergrün mischen. Pfeffer darüber mahlen.

Sollte die Guacamole nicht sofort verzehrt werden, die Avocado-Kerne in die Masse drücken. So wird sie nicht so schnell braun. Auch sollte man sie in diesem Fall kühl und dunkel lagern, also am besten im Kühlschrank. So können Reste noch am nächsten Tag verzehrt werden.

1 Portion (ca. 125 g): 170 kcal, 2 g Eiweiß (4 E%), 17 g Fett (86 E%), 4 g Kohlenhydrate (10 E%)

INFO: Die Bezeichnung Guacamole kommt aus dem Aztekischen und bedeutet Avocadosauce.

Avocados

Die birnenförmige »Butterfrucht«, wie die Avocado auch genannt wird, ist nicht nur voller gesunder Fette, sondern enthält auch nahezu alle Vitamine und viele lebenswichtige Mineralstoffe.

FRUCHTAUFSTRICH

10 Portionen 10 Minuten

500 g Beeren, Beerenmischung oder entsteintes Steinobst
50 g Vollrohrzucker

Die Beeren (oder andere Früchte) in einem Topf mit dem Zucker vermischen und 5–10 Minuten unter ständigem Rühren kochen. Aufgrund des geringen Zuckeranteils muss dieser Fruchtaufstrich im Kühlschrank aufbewahrt werden. Dort ist er nur etwa eine Woche haltbar. Deshalb den restlichen Aufstrich, der nicht sofort verbraucht wird, in kleine Gläschen abfüllen, einfrieren und bei Bedarf auftauen.

INFO: Diesen Fruchtaufstrich kann man mit allen Beerensorten, aber auch mit Steinobst herstellen. Er ist ein wunderbarer Ersatz für Marmelade, da er deutlich weniger Zucker enthält. Dadurch kann es je nach verwendetem Obst aber auch sein, dass die Masse nicht fest wird und vom Brot läuft. Deshalb am besten immer nur so viel aufs Brot streichen, wie man mit einem Bissen essen kann. An die geringere Süße gewöhnt man sich schnell, und schließlich kommt dafür der Fruchtgeschmack umso besser zur Geltung.

1 Portion (ca. 55 g): 40 kcal, <1 g Eiweiß (3 E%), <1 g Fett (7 E%),
8 g Kohlenhydrate (90 E%)

Heidelbeeren

Die »Superfrucht« Heidelbeere hilft beim Kampf gegen Alzheimer & Co. Aber alle Früchte können das – man muss ihre Vielfalt nur täglich genießen!

HOMEMADE

Chili

Der für die Chili-Schärfe verantwortliche Wirkstoff Capsaicin (dieser sorgt auch für die Wärme und das C im ABC-Pflaster) reduziert stressbedingte, Alzheimer typische Hirnveränderungen!

MOJO

ROTE MOJO

4 Personen · 10 Minuten

200 g rote Paprikaschoten waschen, entkernen und in Würfel schneiden.
½ rote Chilischote in Ringe schneiden; die Kerne evtl. mitverwenden (je mehr, desto schärfer).
1 große Knoblauchzehe schälen und halbieren.
1 EL Apfelessig
1 Prise Salz
Schwarzer Pfeffer aus der Mühle
25 g Tomatenmark
½ TL Kreuzkümmel
½ TL Paprikapulver

Alle Zutaten in einen Mixbecher geben und mit einem Stabmixer fein pürieren.

100 ml Olivenöl

Zum Schluss langsam das Olivenöl einfließen lassen, sodass eine gleichmäßige Masse entsteht. In ein Schraubglas füllen, im Kühlschrank aufbewahren und innerhalb einer Woche verbrauchen.

1 Portion (ca. 85 g): 245 kcal, 1 g Eiweiß (2 E%), 25 g Fett (91 E%), 4 g Kohlenhydrate (7 E%)

INFO: Mojo ist spanisch für »Sauce« und wird »mocho« ausgesprochen .

TIPP: Schmeckt nicht nur als Aufstrich, sondern auch sehr gut zu Kartoffeln oder Fisch.

GRÜNE MOJO

4 Personen · 10 Minuten

200 g grüne Paprikaschoten waschen, entkernen und in Würfel schneiden.
2 Zehen Knoblauch schälen und halbieren.
25 g Petersilie hacken.
25 g Koriandergrün ebenfalls hacken.
½ TL Salz
Schwarzer Pfeffer aus der Mühle
1 Prise Kreuzkümmel
25 ml Apfelessig

Alle Zutaten in einen Mixbecher geben und mit einem Stabmixer fein pürieren.

100 ml Olivenöl

Zum Schluss langsam das Olivenöl einfließen lassen, so dass eine gleichmäßige Masse entsteht. In ein Schraubglas füllen, im Kühlschrank aufbewahren und innerhalb einer Woche verbrauchen.

1 Portion (ca. 95 g): 240 kcal, 1 g Eiweiß (2 E%), 25 g Fett (93 E%), 3 g Kohlenhydrate (5 E%)

HUMMUS

Einweichzeit: über Nacht, Kochzeit: 60 Minuten,
Zubereitungszeit: 10 Minuten

GRUNDREZEPT (NATUR)

200 g getrocknete Kichererbsen mit Wasser bedecken und über Nacht bei Raumtemperatur einweichen. Dann das Wasser abschütten und die Kichererbsen gut abspülen. Anschließend ca. 60 Minuten in 600 ml Wasser ohne Salzzugabe kochen, bis sie gar sind. Falls nötig, während des Kochens noch mehr Wasser dazugeben. Nach dem Kochen wieder abspülen. Das Gewicht der Kichererbsen hat sich nun in etwa verdoppelt.

2 EL Sesampaste (Tahina)
2 gepresste Knoblauchzehen
3–4 EL Olivenöl
2 Zitronen auspressen.
1 TL Kreuzkümmelpulver
1 TL Paprikapulver
1 TL Salz
Pfeffer aus der Mühle
Evtl. 50–75 ml Wasser

Die gekochten Kichererbsen und alle weiteren Zutaten mit dem Stabmixer pürieren. Sollte der Hummus zu fest sein, etwas Wasser einrühren, bis eine gleichmäßige, geschmeidige Masse entstanden ist.

1 Portion (ca. 110 g): 194 kcal, 7 g Eiweiß (16 E%), 10 g Fett (48 E%), 16 g Kohlenhydrate (36 E%)

Dieses Grundrezept kann durch weitere Zutaten leicht variiert werden. Beispiele dafür finden Sie auf den kommenden beiden Seiten.

VARIANTE MIT KÜRBIS

15 Minuten

Dazu 100 g getrocknete Kichererbsen aus dem Grundrezept durch 100 g Hokkaido-Kürbis ersetzen.

100 g Hokkaido-Kürbis entkernen und in Würfel schneiden. In etwas Wasser 5–10 Minuten weich kochen.

Die abgekühlten Kürbiswürfel zusammen mit den Zutaten des Grundrezepts pürieren.

1 Portion (ca. 90 g): 140 kcal, 4 g Eiweiß (12 E%), 9 g Fett (59 E%), 10 g Kohlenhydrate (29 E%)

VARIANTE MIT AVOCADO

10 Minuten

Dazu 100 g getrocknete Kichererbsen aus dem Grundrezept durch eine Avocado ersetzen.

1 große Avocado entkernen und das Fruchtfleisch herauslösen.

Das Avocadofleisch mit den Zutaten des Grundrezepts pürieren.

1 Portion (ca. 125 g): 200 kcal, 5 g Eiweiß (10 E%), 15 g Fett (69 E%), 10 g Kohlenhydrate (21 E%)

VARIANTE MIT PAPRIKA

15 Minuten

Dazu 100 g Kichererbsen aus dem Grundrezept durch die unten genannten Zutaten ersetzen.

1 rote oder gelbe Paprikaschote waschen, entkernen und in Stücke schneiden.
1 EL Kokosöl in einem Topf erhitzen.

Die Paprikawürfel darin anbraten. Ein bisschen Wasser angießen und köcheln lassen, bis sie weich sind. Das Ganze anschließend abkühlen lassen und zusammen mit den Zutaten für das Grundrezept pürieren.

1 Portion (ca. 100 g): 160 kcal, 4 g Eiweiß (11 E%), 10 g Fett (63 E%), 10 g Kohlenhydrate (26 E%)

INFO: Hummus ist im Kühlschrank 4 Tage haltbar.

Kichererbsen

Kichererbsen sind gut für alle Organe. Sie enthalten viele Mineralien, Vitamine, Ballaststoffe und Proteine.

CHAMPIGNON-AUFSTRICH

30 Minuten

1 Zwiebel schälen und hacken.
400 g Champignons waschen und in Scheiben schneiden.
1 EL Kokosöl in einer Pfanne auf mittlerer Stufe erhitzen.
50 ml Wasser

Die Zwiebelwürfel im Kokosöl anbraten, bis sie glasig werden. Die Champignons dazugeben und das Wasser angießen.

1 TL Salz
½ TL getrockneter Thymian
½ TL getrockneter Rosmarin
1 TL Kurkuma
Pfeffer aus der Mühle
1 EL Olivenöl

Salz, Thymian und Rosmarin unterrühren und das Ganze bei geschlossenem Deckel etwa 10 Minuten köcheln lassen. Alles abkühlen lassen und in einen Mixbecher geben. Kurkuma, Pfeffer und Olivenöl zugeben und alles mit einem Stabmixer pürieren.

1 Portion (ca. 120 g): 70 kcal, 4 g Eiweiß (25 E%), 5 g Fett (68 E%), 1 g Kohlenhydrate (7 E%)

TIPP: Was nicht sofort gegessen wird, in einem Schraubglas im Kühlschrank aufbewahren und innerhalb von 3 Tagen verbrauchen.

Champignons

Champignons sind hervorragende Lieferanten von Kupfer und Kalium sowie der Vitamine B2, B3, B5, D und K. Sie helfen dabei, keine gehirnschädlichen Mängel entstehen zu lassen.

CASHEW-, MANDEL- ODER ERDNUSSMUS

Für jeweils 8 Portionen ca. 10 Minuten

200 g Cashews (bzw. Mandeln oder ungesalzene Erdnüsse) im Ofen bei 150° C (Umluft) 10 Minuten leicht rösten und danach vollständig abkühlen lassen. Das erleichtert den Mixvorgang.

Die Cashews, Mandeln oder Erdnüsse in einen Mixer geben. Die Masse sollte sich beim Mixen nicht zu stark erwärmen, deshalb nur 30 Sekunden pürieren. Wenn nötig die Masse mit einem Kochlöffel nach unten drücken. Dann 2 Minuten pausieren, wieder 30 Sekunden pürieren. Diese Abfolge wiederholen, bis eine zähe Masse (das Mus) entstanden ist.

Für weißes Mandelmus entweder geschälte Mandeln kaufen oder die Mandeln blanchieren. Dazu diese kurz in Wasser aufkochen, abschütten und ein bisschen abkühlen lassen. Die Haut geht dann ganz leicht ab. Die Mandeln trocknen lassen und wie beschrieben vor der weiteren Verarbeitung im Ofen anrösten.

***1 Portion Cashewmus** (ca. 25 g): 150 kcal, 5 g Eiweiß (14 E%), 12 g Fett (71 E%), 6 g Kohlenhydrate (15 E%)*

***1 Portion Mandelmus** (ca. 25 g): 145 kcal, 6 g Eiweiß (16 E%), 13 g Fett (80 E%), 1 g Kohlenhydrate (4 E%)*

***1 Portion Erdnussmus** (ca. 25 g): 145 kcal, 7 g Eiweiß (21 E%), 12 g Fett (74 E%), 2 g Kohlenhydrate (5 E%)*

INFO: Alle Nussmuse sind im Kühlschrank, aber auch bei Zimmertemperatur, lange haltbar.

Mandeln

Mandeln gehören zu den besten Vitamin-E-Lieferanten. Zudem sind sie reich an guten Fettsäuren, Proteinen und wertvollen Ballaststoffen.

GURKENSALAT MIT MINZE-DRESSING

10 Minuten

1 Salatgurke (ca. 400 g) waschen, grob schälen und würfeln.

100 g Soja-Alternative zu Joghurt
1 EL Rapsöl
1 EL Apfelessig
1 Msp. gemahlener Koriander
1 Msp. gemahlener Kreuzkümmel
1 TL Salz

Soja-Alternative zu Joghurt, Rapsöl, Apfelessig, Koriander, Kreuzkümmel und Salz zu einem Dressing verrühren. Dann die Gurkenwürfel unterheben.

1 Bund frische Minze waschen und trockentupfen; die Blättchen abzupfen und klein hacken.

Pfeffer aus der Mühle

Die Minze unter das Dressing heben. Zum Schluss den Pfeffer darüber mahlen.

1 Portion (ca. 270 g): 100 kcal, 4 g Eiweiß (15 E%), 7 g Fett (58 E%), 7 g Kohlenhydrate (27 E%)

TIPP:
Schmeckt sehr gut zum Ofengemüse von Seite 160

Minze

Für die Arzneiwirkung der Minze sind nicht nur ihre ätherischen Öle verantwortlich, sondern auch radikalfangende Farb- sowie Gerb- und Bitterstoffe. Sie steigern die Erinnerungsleistung.

WEISSKOHL-ROHKOSTSALAT MIT MANDARINEN

Zubereitungszeit: 15 Minuten, Ziehzeit: 1–2 Stunden

1 Mandarine schälen und die Schnitze einmal durchschneiden.
1 halben Weißkohl (ca. 250 g) waschen, dann die äußeren Blätter und den Strunk entfernen. Den Kohl anschließend in schmale Streifen schneiden.

50 g Soja-Alternative zu Joghurt
2 EL Rapsöl
1 EL Apfelessig
1 EL heller Balsamico
½ TL Salz
Schwarzer Pfeffer aus der Mühle
1 EL frischen Schnittlauch in Röllchen schneiden.

Die restlichen Zutaten zum Kohl geben und alles mischen. Zuletzt die Mandarinenschnitze unterheben.

Der Salat schmeckt am besten, wenn er mindestens 2 Stunden ziehen konnte.

1 Portion (ca. 180 g): 140 kcal, 3 g Eiweiß (18 E%), 2 g Fett (26 E%), 9 g Kohlenhydrate (56 E%)

TIPP: Statt Weißkohl können auch andere Kohlarten verwendet werden, wie z. B. Spitzkohl, Rotkohl, Grünkohl oder Wirsing.

Weisskohl

Wie alle Kohlarten wirkt Weißkohl, vor allem in roher Form genossen, extrem entzündungshemmend. Zudem unterstützen die Inhaltsstoffe des Kohls den Abbau des Alzheimer-Toxins.

SELLERIE-KAROTTEN-ROHKOSTSALAT

Zubereitungszeit: 15 Minuten, Ziehzeit: 1–2 Stunden

1 Stück Knollensellerie (ca. 150 g)	schälen und in Stücke schneiden.
2 Karotten (ca. 125 g)	sauber bürsten.
1 großen Apfel (ca. 125 g)	ungeschält vierteln und entkernen.
½ Zitrone	auspressen.

Sellerie, Karotten und Äpfel mit einer Küchenreibe oder einer Küchenmaschine raspeln und sofort mit dem Zitronensaft übergießen, damit sie nicht braun werden.

1 Handvoll frische Petersilie	waschen und hacken.
1 TL Salz	
2 EL heller Balsamico-Essig	
5 EL Rapsöl	
1 EL Soja-Alternative zu Joghurt	
Pfeffer aus der Mühle	

Die übrigen Zutaten verrühren, auf die Rohkost geben und alles gut durchmischen. Anschließend 1–2 Stunden ziehen lassen.

1 Portion (ca. 260 g): 325 kcal, 3 g Eiweiß (3 E%), 26 g Fett (74 E%), 18 g Kohlenhydrate (23 E%)

Karotten

Karotten enthalten viel Betacarotin, Lutein und Luteolin, allesamt hochpotente und natürliche Schutzstoffe gegen den geistigen Abbau.

NIZZA-SALAT

20 Minuten

2 Eier	hartkochen, abkühlen lassen, schälen und vierteln.
1 kleinen Kopf Blattsalat	(z. B. Kopfsalat, Eichblattsalat) zerpflücken; die Blätter des Blattsalats unzerteilt waschen und abtropfen lassen.
2 Tomaten	in Stücke schneiden.
½ rote Paprikaschote	entkernen und in Stücke schneiden.
½ Landgurke	grob schälen und würfeln.
1 kleine rote Zwiebel	schälen und in feine Ringe schneiden.
75 g Thunfisch (in eigenem Saft und Aufguss)	aus der Dose nehmen und abtropfen lassen.
1 kleines Glas Sardellenfilets (in Oliven- oder Rapsöl)	abtropfen lassen.
20 g schwarze, ungefärbte Oliven	ebenfalls abtropfen lassen.
1 Knoblauchzehe	halbieren und 4 Teller damit einreiben.

Die Salatblätter kreisförmig darauf anrichten, dann die anderen Zutaten darauf verteilen.

2 EL roter Balsamico
4 EL Olivenöl
Salz und Pfeffer
Frische Basilikumblättchen

Abschließend alles mit Balsamico und Olivenöl beträufeln, mit Salz und frisch gemahlenem Pfeffer würzen und mit den Basilikumblättchen garnieren.

1 Portion (ca. 375 g): 490 kcal, 22 g Eiweiß (19 E%), 36 g Fett (71 E%), 11 g Kohlenhydrate (10 E%)

Olivenöl

Olivenöl enthält nicht nur wertvolle, einfach ungesättigte Fettsäuren, sondern auch den Wirkstoff Oleocanthal, der hilft, das Gehirn zu verjüngen und das Alzheimer-Toxin abzubauen.

ROTE-BETE-SALAT MIT PINIENKERNEN

Kochzeit: 45–60 Minuten, Zubereitungszeit: 15 Minuten

250 g frische Rote Bete waschen, die Blätter entfernen und die Knollen ungeschält in einen Topf geben. Mit Wasser bedecken und in 45–60 Minuten gar kochen; die Knollen etwas abkühlen lassen, dann schälen und in Würfel schneiden.

20 g Pinienkerne ohne Öl in einer Pfanne unter Rühren leicht anrösten, auf einen Teller geben und abkühlen lassen.

1 kleine Zwiebel schälen und hacken.

2 EL Rapsöl
1 EL heller Balsamico
1 Prise Muskat
1 Msp. Kreuzkümmel
½ TL Salz
Pfeffer aus der Mühle

Zwiebelwürfel, Rapsöl, Balsamico und die Gewürze verrühren und unter die Rote Bete mischen. Das Ganze mit den Pinienkernen garnieren.

1 Portion (ca. 160 g): 180 kcal, 4 g Eiweiß (10 E%), 13 g Fett (63 E%), 12 g Kohlenhydrate (27 E%)

Rote Bete

Die hochpotenten Wirkstoffe der Roten Bete fördern die körperliche Leistungsfähigkeit und unterstützen somit die positiven Effekte von Bewegung auf die Funktion des Gehirns.

RUCOLA-SALAT MIT WALNÜSSEN UND CHERRY-TOMATEN

10 Minuten

1 Päckchen (ca. 130 g) Rucola	waschen und abtropfen lassen.
10 Cherry-Tomaten	waschen und halbieren.

Alles auf zwei Teller verteilen.

3 EL Olivenöl
4 EL Balsamico
1 gestr. TL Salz
Eine Handvoll Walnusshälften
Pfeffer aus der Mühle

Olivenöl, Balsamico und Salz in einer Tasse mischen und darüber geben. Mit den Walnusshälften garnieren und zuletzt Pfeffer darüber mahlen.

1 Portion (ca. 225 g): 365 kcal, 7 g Eiweiß (7 E%), 33 g Fett (82 E%), 10 g Kohlenhydrate (11 E%)

Rucola

Mit über 60 Milligramm Vitamin C pro 100 Gramm übertrumpft Rucola sogar die Orange. Dazu liefert er E- und B-Vitamine und viele wertvolle Mineralstoffe.

TEEZUBEREITUNG

GRÜNTEE

Für eine große Tasse (etwa 200 Milliliter) benötigt man einen gehäuften Teelöffel Grüntee. Die gewünschte Menge Wasser kochen und auf 70 °–80 ° C abkühlen lassen. Grüntee im Teesieb übergießen und 2–3 Minuten ziehen lassen.

Um noch mehr der wertvollen Inhaltsstoffe aus den Teeblättern zu lösen, wären 6–10 Minuten noch besser, doch oft wird der Tee dadurch bitter. Das hätte eventuell zur Folge, dass man weniger oder sogar keinen Grüntee trinkt. Deshalb sollte letztendlich vor allem der eigene Geschmack – auch abhängig von der Teesorte – über die Ziehzeit entscheiden. Nur wenn der Tee schmeckt, wird auch viel davon getrunken.

GRIECHISCHER BERGTEE

Für eine große Tasse einen gehäuften Esslöffel Tee mit kochendem Wasser übergießen und etwa 10 Minuten ziehen lassen.

Vor dem Herausnehmen das Teesieb ein paar Mal schwenken, damit die gesunden Inhaltsstoffe besser in das Wasser übergehen können.

In Griechenland werden oft auch etwas Zimt und Zitronensaft hinzugefügt.

Grüntee

Beim Grüntee ist die richtige Wassertemperatur entscheidend, sowohl für den Geschmack als auch für die optimale Freisetzung seiner wertvollen Inhaltsstoffe. Deshalb lohnt sich die Anschaffung eines Teethermometers.

Griechischer Bergtee

Grüntee und Griechischer Bergtee, auch Griechisches Eisenkraut genannt, besitzen unterschiedliche und hochaktive Inhaltstoffe, die unserem Gehirn dabei helfen, Alzheimer-Toxin abzubauen.

ZUCCHINISUPPE

ca. 25 Minuten

1 mittelgroße Zucchini	waschen, in Würfel schneiden und beiseitestellen.
1 kleine Zwiebel	schälen und hacken.
1 Knoblauchzehe	schälen und pressen.
1 Stückchen Ingwer	schälen und reiben.
1 EL Kokosöl	in einem Topf erhitzen.

Die Zwiebelstückchen im Kokosöl anbraten, bis sie glasig sind. Dann Knoblauch und Ingwer kurz mit anbraten.

250 ml Wasser
½ TL Salz

Das Wasser angießen, die Zucchiniwürfel dazugeben und salzen. Bei geschlossenem Deckel 10–15 Minuten kochen, bis sie gar sind.

½ TL Kurkuma
Pfeffer aus der Mühle
3 EL Kokosmilch

Anschließend Kurkuma, Pfeffer und Kokosmilch dazugeben und alles mit einem Stabmixer pürieren.

1 Portion (ca. 260 g): 100 kcal, 2 g Eiweiß (10 E%), 8 g Fett (74 E%), 4 g Kohlenhydrate (16 E%)

Kokosmilch

Kokosmilch ist eine sehr gesunde Alternative zu Milch und Sahne – vor allem enthält sie sehr gesunde Fette, die das Gehirn ernähren.

MEDITERRANE GEMÜSESUPPE

30 Minuten

1 kleine Zwiebel	schälen und hacken.
1 Zehe Knoblauch	schälen und pressen.
1 Stück Ingwer	schälen und reiben.
1 große Karotte	waschen, schälen und in Scheiben schneiden.
3 Champignons	putzen und in Scheiben schneiden.
125 g Weißkohl	waschen und in Stücke schneiden.
1 Stängel Staudensellerie	waschen und in kleine Ringe schneiden.
200 ml passierte Tomaten (Dose, inkl. Saft)	
1 EL Kokosöl	in einem Topf erhitzen.

Zwiebel, Knoblauch und Ingwer im Kokosöl anbraten.

500 ml Wasser
Je ½ TL getrockneter Oregano, Thymian und Rosmarin
1 TL Kurkuma
½–1 TL Salz
Pfeffer aus der Mühle

Das Wasser angießen und alles zum Kochen bringen. Wenn das Wasser kocht, Gemüse und Kräuter in den Topf geben, Kurkuma, Salz und Pfeffer einrühren und 15 Minuten köcheln lassen.

1 EL Olivenöl

Anschließend den Topf von der Kochstelle nehmen, das Olivenöl unterrühren und servieren.

1 Portion (ca. 570 g): 150 kcal, 4 g Eiweiß (11 E%), 11 g Fett (27 E%), 10 g Kohlenhydrate (62 E%)

Ingwer

Ingwer steckt voller hochpotenter Anti-Alzheimer-Wirkstoffe und liefert damit den Beweis, dass Medizin wunderbar schmecken kann.

KAROTTEN-KOKOSSUPPE

ca. 30 Minuten

300 g Karotten	waschen, schälen und in Scheiben schneiden. (Bio-Karotten können gut gebürstet und ungeschält verwendet werden.) Die Karottenscheiben dann beiseitestellen.
1 kleine Zwiebel	schälen und hacken.
1 Zehe Knoblauch	schälen und pressen.
1 walnussgroßes Stück Ingwer	schälen und reiben.
1 EL Kokosöl	in einem Topf erhitzen.

Die Zwiebelstückchen im Kokosöl bei mittlerer Hitze glasig dünsten. Knoblauch und Ingwer dazugeben und kurz mitdünsten.

200 ml Wasser	in einem Wasserkocher zum Kochen bringen.

Das Wasser angießen, die Karotten hineingeben und alles bei mittlerer Hitze 15 Minuten köcheln lassen, dabei gelegentlich umrühren. Wenn die Karotten gar sind, den Topf von der Kochstelle nehmen und den Inhalt mit dem Stabmixer pürieren.

1 Dose Kokosmilch (400 ml)	in einem Mixbecher zu einer homogenen Flüssigkeit verrühren. **Die Hälfte davon** hier verwenden. Den Rest in einem Schraubglas im Kühlschrank aufbewahren.

1 TL Salz
1 Msp. Anis
1 Prise Kardamom
1 TL Kurkuma
1 EL frisch gepresster Zitronensaft
Pfeffer aus der Mühle
1 Handvoll Kokoschips

Die Kokosmilch und die Gewürze dazugeben und das Ganze mit Zitronensaft abschmecken. In Teller verteilen, Pfeffer aus der Mühle darüber mahlen und mit den Kokoschips garnieren.

1 Portion (ca. 385 g): 355 kcal, 4 g Eiweiß (4 E%), 31 g Fett (78 E%), 16 g Kohlenhydrate (18 E%)

TIPP:
Statt Karotten kann man auch Süßkartoffeln oder einen Hokkaido-Kürbis verwenden.

Kurkuma

Kurkuma (das Pulver der Gelbwurz) hat so viele Wirkstoffe gegen Alzheimer & Co., sodass man nur empfehlen kann, täglich damit zu würzen – aber stets zusammen mit etwas Pfeffer, da Kurkuma nur so gut aufgenommen werden und seine Wirkung entfalten kann.

NUSS-SNACK: STUDENTENFUTTER

Für 12 Portionen 5 Minuten

50 g Walnüsse
50 g Paranüsse
50 g Mandeln
50 g Haselnüsse
1 Handvoll Kokosflocken
20 g Aronia
20 g Rosinen

Alle Zutaten mischen und in einem verschließbaren Gefäß aufbewahren.

1 Portion (ca. 20 g): 140 kcal, 3 g Eiweiß (8 E%), 13 g Fett (84 E%), 3 g Kohlenhydrate (8 E%)

Aronia

Die Aronia, auch Apfelbeere genannt, hat den höchsten Gehalt an Antioxidantien. Keine Frucht neutralisiert besser potentiell schädliche Sauerstoffradikale.

EXOTISCHER FRUCHTSALAT

2 Personen · 15 Minuten

1 halbe kleine Melone (z. B. Galia)	entkernen und in Würfel schneiden.
1 kleine Mango	schälen und das Fruchtfleisch um den Kern in Stücke schneiden.
1 kleine Orange	schälen und die Schnitze halbieren.
1 Kiwi	schälen und würfeln.
¼ Ananas	schälen, vom Strunk befreien und in Stücke schneiden.
1 kleinen Granatapfel	halbieren, eine Schüssel mit kaltem Wasser füllen und die Kerne unter Wasser herauslösen, um eventuelles starkes Spritzen zu vermeiden.
Etwas Zimt	
½ Zitrone	auspressen.

Alles in eine Schüssel geben, mit Zimt bestreuen und mit Zitronensaft übergießen. Das Ganze gut durchmischen.

1 Portion (ca. 290 g): 170 kcal, 2 g Eiweiß (5 E%), 1 g Fett (5 E%), 36 g Kohlenhydrate (90 E%)

Granatapfel

Studien beweisen: Die Wirkstoffe des Granatapfels hemmen die Entstehung des Alzheimer-Toxins und verbessern die geistige Leistungsfähigkeit.

ANTIPASTI

Zubereitungszeit: ca. 35 Minuten, Ruhezeit: 3 Stunden

Den Backofen auf 175 °C (Umluft 150 °C) vorheizen.

1 kleine Aubergine und	
1 kleine Zucchini	waschen und in Scheiben schneiden.
1 rote Paprikaschote	halbieren, entkernen und achteln.
Je 1 kleine rote und weiße Zwiebel	schälen und vierteln.
2 Knoblauchzehen	schälen und halbieren.

Alles auf ein mit Backpapier ausgelegtes Blech legen.

2 EL Olivenöl
1 Handvoll frische Kräuter oder getrocknete Kräuter der Provence
¼ TL Salz

In einer Tasse Olivenöl, Kräuter und Salz mischen, das Gemüse damit einpinseln und das Ganze im vorgeheizten Ofen 15–20 Minuten garen. Das Blech aus dem Ofen nehmen und etwas abkühlen lassen.

FÜR DIE MARINADE:

5 EL Olivenöl	
3 EL Balsamico	
½ Limette	auspressen.
Pfeffer aus der Mühle	

Die Zutaten für die Marinade verrühren. Das Gemüse noch warm in eine Schüssel geben und die Marinade darüber gießen. Mindestens 3 Stunden ziehen lassen.

1 Portion (ca. 340 g): 405 kcal, 4 g Eiweiß (4 E%), 36 g Fett (80 E%), 16 g Kohlenhydrate (16 E%)

Limetten

Zur mediterranen Ernährung gehören Zitrusfrüchte. Ihre Anti-Alzheimer-Wirkstoffe werden als Grundlage für die Entwicklung neuer Medikamente genutzt. Doch auf die müssen Sie nicht warten. Limetten & Co. gibt es schließlich schon.

MIESMUSCHELN IN OLIVENÖL-KNOBLAUCH-SUD

Vorbereitungszeit: 20 Minuten, Kochzeit: 15 Minuten

2 kg Miesmuscheln	10 Minuten in kaltes Wasser legen. Lebende Muscheln verschließen sich von selbst. Die Muscheln, die geöffnet bleiben, aussortieren und gegen das Waschbecken klopfen. Wenn sie sich dadurch weiterhin nicht schließen, sind sie tot und müssen entsorgt werden.
1 kleine Zwiebel	schälen und hacken.
4 Knoblauchzehen	schälen und in kleine Stückchen schneiden.
2 Stängel Staudensellerie	in fingerbreite Stücke schneiden.
1 Karotte	schälen und ebenfalls in kleine Stücke schneiden.
5 Lorbeerblätter	
100 ml Olivenöl	in einen Kochtopf geben und bei mittlerer Stufe erhitzen. (Achtung, nicht zu heiß werden lassen!)

Zwiebel, Knoblauch, Staudensellerie, Karotte und Lorbeerblätter hineingeben. Etwa 5 Minuten anbraten, gelegentlich umrühren. Sobald das Gemüse »al dente« gegart ist, die Miesmuscheln dazugeben und bei geschlossenem Deckel ca. 5 Minuten mitdämpfen. Mit einem Kochlöffel vorsichtig umrühren, sodass die oberen Muscheln nach unten kommen. Weitere 5 Minuten bei geschlossenem Deckel dämpfen.

Die Miesmuscheln mit Gemüse und Sud auf tiefen Tellern anrichten. (Miesmuscheln, die sich beim Kochen nicht öffnen, sollten verworfen werden, auf keinen Fall mit Gewalt öffnen.)

1 Portion (ca. 400 g): 540 kcal, 10 g Eiweiß (7 E%), 52 g Fett (85 E%), 10 g Kohlenhydrate (8 E%)

TIPP: Schmeckt gut mit Vollkornbrot, mit dem der Sud, da er wertvoll ist, auch aufgetunkt werden sollte.

Miesmuscheln

Eine Portion Miesmuscheln deckt den täglichen Bedarf an Vitamin B12 und ist reich an wertvollen Omega-3-Fettsäuren (DHA und EPA) und Spurenelementen (Jod, Selen und Zink).

KRÄUTERSEITLINGE MIT MUNGOBOHNEN-SPIRELLI

30 Minuten

100 g Mungobohnen-Spirelli nach Anleitung auf der Packung in Salzwasser kochen (das sind etwa 5 Minuten). Dann das Wasser abschütten und die Spirelli im Topf mit geschlossenem Deckel beiseitestellen.

250 g Kräuterseitlinge putzen und, je nach Größe der Pilze, vierteln, halbieren oder ganz lassen.
1 Frühlingszwiebel putzen und in Ringe schneiden.
½ TL Salz
1 EL Kokosöl in einer großen Pfanne erhitzen.

Die Frühlingszwiebelringe ins Kokosöl geben und ca. eine halbe Minute anschwitzen. Dann die Kräuterseitlinge dazu geben und salzen. Die Hitze reduzieren und das Ganze bei geschlossenem Deckel schmoren lassen, damit die Pilze Wasser ziehen können. Immer wieder umrühren. Eventuell etwas Wasser dazugeben. Den Vorgang so lange wiederholen, bis die Pilze gar, aber noch etwas knackig sind. Das dauert etwa 15 Minuten.

1 Dose Kokosmilch (400 ml) in einem Mixbecher zu einer homogenen Flüssigkeit verrühren. **100 ml davon** unter die Pilze rühren, den Rest in einem Schraubglas im Kühlschrank aufbewahren.
Frischer Thymian und Oregano
Pfeffer aus der Mühle

Zuletzt die Mungobohnen-Spirelli, Thymian und Oregano untermischen. Alles auf Tellern anrichten und Pfeffer darüber mahlen.

1 Portion (ca. 275 g): 290 kcal, 18 g Eiweiß (38 E%), 10 g Fett (50 E%), 6 g Kohlenhydrate (12 E%)

TIPP: Dazu passt ein bunter Salat.

Mungobohnen

Die asiatischen Mungobohnen sind sehr reich an Magnesium und wertvollen Proteinen. Trotz ihres hohen Ballaststoffgehalts, gelten sie als bekömmlicher als Sojabohnen.

PFANNENGERÜHRTE AUSTERNPILZE MIT FENCHEL UND CHERRYTOMATEN

Vorbereitungszeit: 25 Minuten, Kochzeit: ca. 15 Minuten

1 Knoblauchzehe	schälen und fein hacken.
1 Frühlingszwiebel	putzen und in Ringe schneiden.
1 kleines Stück Ingwer	schälen und reiben.
1 kleine Chilischote	in dünne Ringe schneiden. (Je nach Schärfe nur ein Stückchen der Schote verwenden.)
250 g frische Austernpilze	putzen und in mundgerechte Stücke schneiden.
100 g Fenchel	halbieren, den Strunk entfernen und den Fenchel achteln oder in Würfel schneiden.
125 g Cherrytomaten	halbieren.
½ TL Salz	
1 EL Kokosöl	in einem Wok oder in einer tiefen Pfanne erhitzen.

Knoblauch, Frühlingszwiebel, Ingwer und Chilischote im Kokosöl anbraten. Austernpilze, Fenchel und Cherrytomaten zu den anderen Zutaten geben, salzen und ca. 10 Minuten bei geschlossenem Deckel köcheln lassen. Dann den Wok/die Pfanne von der Kochstelle nehmen.

1 EL Sesam	in einer kleinen Pfanne ohne Öl leicht anrösten.
½ Limette	auspressen.
1 TL Kurkuma	
½ Bund Koriander	kleinschneiden.
Pfeffer aus der Mühle	

Limettensaft, Kurkuma, einen Teil des Korianders und Pfeffer zugeben und vorsichtig unterrühren. Auf Tellern anrichten und die gerösteten Sesamsamen und den restlichen Koriander darüberstreuen.

1 Portion (ca. 280 g): 150 kcal, 7 g Eiweiß (21 E%), 8 g Fett (53 E%), 9 g Kohlenhydrate (26 E%)

TIPP:
Dazu schmeckt grüner Blattsalat.

Austernpilze

Die heilende Kraft der Austernpilze: Ihre Inhaltstoffe verbessern die Blutfette und die Darmflora. Dabei liefern sie viele wertvolle B-Vitamine und Zink.

GEFÜLLTE PORTOBELLO-PILZE

Zubereitungszeit: 30–40 Minuten, Backzeit: 20–25 Minuten

100 g Quinoa in 200ml leicht gesalzenem Wasser etwa 10 Minuten oder wie auf der Packung angegeben kochen, abschütten und beiseitestellen.

Den Backofen auf 175 °C (Umluft 150 °C) vorheizen.

2 Portobello-Pilze mit einem Messer vorsichtig aushöhlen und den Inhalt kleinhacken.

1 EL Olivenöl

Eine Auflaufform mit dem Olivenöl einfetten. Die ausgehölten Pilze hineinlegen.

1 Zwiebel schälen und hacken.
2 Tomaten in kleine Würfel schneiden.
1 EL Kokosöl in einer Pfanne erhitzen.

Die Zwiebelstückchen im Kokosöl anbraten, bis sie glasig sind. Den Pilzinhalt und die Tomatenwürfel dazugeben und unter vorsichtigem Rühren ca. 1 Minute braten.

Quinoa

Quinoa ist ein perfektes Grundnahrungsmittel: hervorragende Proteinquelle, geringe glykämische Last und zugleich reich an vielen wichtigen Fettsäuren und Mineralstoffen.

Salz
Pfeffer aus der Mühle
1 TL Tomatenmark
1 EL Käseersatz aus Paranüssen (Rezept von Seite 183)
2 EL Olivenöl

Salz, Pfeffer, Tomatenmark, Käseersatz, Olivenöl und Quinoa dazugeben und alles gut vermischen. Den Topf von der Kochstelle nehmen. Die beiden Portobello-Pilze mit der Masse füllen und im vorgeheizten Backofen ca. 20–25 Minuten backen.

1 Handvoll glatte Petersilie hacken.

Zum Servieren das Pilzgericht mit Petersilie garnieren.

1 Portion (ca. 390 g): 440 kcal, 11 g Eiweiß (10 E%), 27 g Fett (56 E%), 36 g Kohlenhydrate (34 E%)

CURRY-BANANEN AUF WILDREIS

2 Personen, 50 Minuten

120 g Wildreis oder Reismischung mit Wildreis	in der 2,5-fachen Menge leicht gesalzenem Wasser zum Kochen bringen und bei geringer Hitze im geschlossenen Topf ca. 45 Minuten köcheln lassen. Bei Bedarf etwas Wasser nachgießen. Anschließend von der Kochstelle nehmen und 5 Minuten ruhen lassen.
2 feste Bananen	schälen, quer und längs halbieren.
1 EL Kokosöl	in einer Pfanne erhitzen.

Die Bananen im Kokosöl bei mittlerer Hitze auf beiden Seiten anbraten.

1 große Dose Kokosmilch (400 ml)	in einem Mixbecher zu einer homogenen Masse verrühren. Die Hälfte davon in ein Schraubglas füllen und im Kühlschrank aufbewahren. **Die andere Hälfte** angießen.

½ TL Kümmel
1 EL Curry
1 Msp. Kardamom
1 Handvoll Rosinen
Pfeffer aus der Mühle

Alles mit Kümmel, Curry und Kardamom bestreuen. Die Rosinen dazu geben und kurz weiterköcheln lassen. Zum Schluss Pfeffer darüber mahlen. Das Bananencurry auf Wildreis servieren.

1 Portion (ca. 390 g): 620 kcal, 9 g Eiweiß (6 E%), 26 g Fett (39 E%), 83 g Kohlenhydrate (55 E%)

Curry

Kurkuma ist gut, Curry noch besser – schließlich ist hirngesundes Kurkuma Teil der Mischung wirkungsvoller Gewürze, die die indische Küche einzigartig macht.

GRÜNER SPARGEL MIT PFANNKUCHEN

ca. 30 Minuten

FÜR DEN SPARGEL:

400 g grünen Spargel	waschen und abtropfen lassen. Die harten Ansätze entfernen.
2 EL Kokosöl	in einer Pfanne erhitzen.

Den Spargel im Kokosöl 10–15 Minuten anbraten – nur so lange, dass er noch knackig ist.

1 TL Kurkuma
1 Prise Salz
Pfeffer aus der Mühle

Die Pfanne von der Kochstelle nehmen und den Spargel mit Kurkuma, Salz und Pfeffer würzen.

FÜR DIE PFANNKUCHEN:

160 g Dinkelmehl
40 g Buchweizenmehl
200 ml Sojadrink
100 ml Mineralwasser
1 TL Salz
2 Eier
Etwas Kokosöl

Für die Pfannkuchen alle Zutaten bis auf das Kokosöl gut verrühren. Dieses in einer Pfanne erhitzen. Den Pfannkuchenteig darin portionsweise goldgelb ausbacken und zusammen mit dem Spargel servieren.

1 Portion (ca. 540 g): 645 kcal, 26 g Eiweiß (16 E%), 25 g Fett (35 E%), 78 g Kohlenhydrate (49 E%)

Buchweizen

Buchweizen enthält wertvolles Rutin und Querzetin, beides potente Wirkstoffe gegen Bluthochdruck, Diabetes und nicht zuletzt gegen Alzheimer

TIPP:
Dazu passt die selbstgemachte Mayonnaise von Seite 100 oder das Basilikumpesto von Seite 168.

MATJES-HERINGE MIT PELLKARTOFFELN

30 Minuten

4–6 Kartoffeln	in einem Topf mit Wasser bedecken und garkochen.

Währenddessen

1 kleine Zwiebel	schälen und in feine Ringe schneiden.
1 großen Apfel	ungeschält in Würfel schneiden.
2 große Essiggurken	in Rädchen schneiden.
1 Zitrone	auspressen.
1 Becher Soja-Alternative zu Joghurt (à 400 g)	
evtl. 1 Prise Salz	(Nur wenn nötig; eingelegte Matjes sind in der Regel schon salzig.)
250 g frische Matjesfilets	(oder eingelegte Matjes »nordische Art«)
Pfeffer aus der Mühle	

Zwiebelwürfel, Apfelwürfel und Gurkenscheiben in eine Schüssel geben und mit dem Zitronensaft, Salz und der Soja-Alternative für Joghurt mischen. Die Matjesfilets vorsichtig unterheben.

Am Schluss Pfeffer darüber mahlen und die Matjes zusammen mit den Pellkartoffeln servieren.

1 Portion (ca. 670 g): 505 kcal, 28 g Eiweiß (33 E%), 20 g Fett (36 E%), 50 g Kohlenhydrate (41 E%)

Rote Zwiebel

Zwiebeln liefern uns eine ganze Armada an Antioxidantien, darunter zum Beispiel das gehirnschützende Querzetin. Rote Zwiebeln enthalten dabei sogar doppelt so viele dieser Wirkstoffe wie ihre farblosen Verwandten. So senken sie den Blutdruck sowie das Cholesterin und entgiften unseren Organismus durch ihren hohen Gehalt an Schwefelverbindungen.

SEPIA KANARISCHE ART

30 Minuten

Den Backofen auf 170 °C (Umluft 150 °C) vorheizen.

Etwas Olivenöl für das Blech

Ein Backblech mit Olivenöl einfetten.

2 Stück Sepia (je 200–250g)	(ausgenommen und ohne Kopf) kalt abwaschen, mit einem Tuch trocken tupfen.
50 g grüne Mojo	nach dem Rezept von Seite 107 auf die Sepia streichen.

Im vorgeheizten Backofen 25–30 Minuten garen.

1 Portion (ca. 310 g): 195 kcal, 3 g Eiweiß (6 E%), 17 g Fett (92 E%), 1 g Kohlenhydrate (2 E%)

TIPP: Dazu passen Pellkartoffeln sowie rote oder grüne Mojo (Rezepte von den Seiten 106 und 107)

Sepiaringe

Tintenfische wie Sepia gibt es als Ganzes zu kaufen oder, wie Calamari, auch in Ringe geschnitten. Ganz gleich in welcher Form: Sie enthalten viel Vitamin B12, wertvolles Protein und die bioaktiven Omega-6- und Omega-3-Fettsäuren in im hervorragenden Verhältnis von eins zu zwei.

SPARGEL MIT SALZKARTOFFELN UND SELBSTGEMACHTER MAYONNAISE

Zubereitungszeit: ca. 30 Minuten, Kochzeit: ca. 15 Minuten

4–6 Kartoffeln schälen, würfeln und in leicht gesalzenem Wasser 10–15 Minuten kochen.

1 kg weißen Spargel schälen.
1 TL Salz
Ein paar Tropfen Zitronensaft

In einem ausreichend großen Topf Wasser zum Kochen bringen. Salz, Zitronensaft und Spargel hineingeben. Dabei so viel Wasser verwenden, dass der Spargel völlig bedeckt ist. Diesen je nach Dicke der Stangen etwa 8–15 Minuten kochen. Sie sollten nicht zu weich werden.

2 EL Schnittlauch in Röllchen schneiden.

Spargel und Kartoffeln auf Tellern anrichten, mit den Schnittlauchröllchen bestreuen und mit der Mayonnaise von Seite 100 servieren.

1 Portion ohne Mayonnaise (ca. 640 g): 210 kcal, 12 g Eiweiß (24 E%), 1 g Fett (3 E%), 37 g Kohlenhydrate (73 E%)

Spargel

Spargel hat viele positive Wirkungen auf die Gesundheit. Er ist blutzuckerfreundlich, wirkt entgiftend, hilft gegen Krebs und Arteriosklerose, und: Alzheimer-Mäuse behalten unter einer »Spargeldiät« ihr Gedächtnis. Also nutzen auch Sie die Heilkraft der gesunden Stängel!

OFENGEMÜSE MIT SOJA-DRESSING

Zubereitungszeit: 30 Minuten, Garzeit: 20–25 Min.

1 rote und 1 grüne Paprikaschote	waschen, vierteln und entkernen.
1 Knolle Topinambur und	
1 kleine Karotte	schälen und halbieren.
1 Süßkartoffel und	
1 kleine rote Zwiebel	schälen und in dicke Scheiben schneiden.
1 kleine Zucchini und	
1 kleine Aubergine	küchenfertig vorbereiten und in Scheiben schneiden.
1 EL Kokosöl	

Das Gemüse auf ein mit Kokosöl eingeöltes Backblech legen.

75 ml Olivenöl	
1 TL getrockneter Majoran	
1 TL getrockneter Rosmarin	
Ein paar Zweige frische Kräuter	(z. B. Majoran, Oregano oder Thymian)
Salz	
Pfeffer aus der Mühle	

In einer Tasse das Olivenöl mit Majoran und Rosmarin verrühren und mit einem Küchenpinsel das Gemüse und die frischen Kräuterzweige damit einstreichen. Diese vorübergehend beiseitestellen. Alles leicht salzen und im Backofen bei 175 °C (Umluft 150 °C) 20–25 Minuten garen. Das Blech aus dem Ofen nehmen, die eingeölten frischen Kräuter darauf verteilen und alles zusammen weitere 3–5 Minuten im Ofen garen. Vor dem Verzehr Pfeffer darübermahlen.

Topinambur

Leider hat die Kartoffel den Topinambur (wegen seines Geschmacks auch Jerusalem-Artischocke genannt) im 20. Jahrhundert nahezu völlig verdrängt. Dabei ist die Knolle der mit der Sonnenblume eng verwandten Nutzpflanze extrem gesund, denn sie enthält viele Vitamine, viele Mineralien und vor allem hat sie einen hohen Gehalt an Ballaststoffen (insbesondere Inulin und Oligofructose), die auf vielfältige Weise unser Gehirn vor Alzheimer & Co. schützen.

FÜR DAS SOJA-DRESSING:

1 Becher Soja-Alternative zu Joghurt (400 g)
½ TL Salz
½ TL Kreuzkümmel
½ TL Kardamom
Ein paar Tropfen Zitronensaft
Pfeffer aus der Mühle

Zwischenzeitlich die Zutaten für das Sojadressing miteinander verrühren und zum Ofengemüse reichen.

1 Portion (ca. 575 g): 475 kcal, 9 g Eiweiß (6 E%), 44 g Fett (75 E%), 25 g Kohlenhydrate (19 E%)

PILZ-RISOTTO

60 Minuten

FÜR DEN REIS:

1 kleine Zwiebel	schälen und würfeln.
1 Knoblauchzehe	schälen und pressen.
2 EL Olivenöl	in einem Topf auf mittlerer Stufe mäßig erhitzen.

Zwiebeln und Knoblauch im Olivenöl leicht anbraten. Der Knoblauch darf nicht braun werden.

120 g Risotto-Rundkorn-Naturreis
500 ml Gemüsebrühe

Den Reis dazugeben und umrühren. Nach und nach die Gemüsebrühe angießen, immer wieder rühren. Wenn der Reis die Flüssigkeit aufgenommen hat, bevor er gar ist, noch etwas Wasser zugeben. Bei Naturreis kann die Kochzeit bis zu 45 Minuten betragen (siehe Packung).

FÜR DIE PILZE:

100 g Kräuterseitlinge und	
100 g Austernpilze	waschen, putzen und in mundgerechte Stücke schneiden.
1 EL Olivenöl	in einem zweiten Topf mäßig erhitzen.
1 TL Salz	

Die Pilze hineingeben, salzen, damit sie Flüssigkeit ziehen und vorsichtig umrühren. Wenn nötig, ein bisschen Wasser zufügen, damit sie nicht anbrennen. 10–15 Minuten bei geschlossenem Deckel bei mäßiger Hitze garen. Die Pilze sollen nicht zu weich werden.

2 EL Parmesanersatz (Rezept von Seite 182)
Pfeffer aus der Mühle
1 Handvoll frische Oreganoblättchen

Die Pilze und den Käseersatz in den Topf mit dem Reis geben und alles vermischen. Auf Teller verteilen, Pfeffer darüber mahlen und mit den Oreganoblättchen garnieren.

1 Portion (ca. 465 g): 620 kcal, 19 g Eiweiß (13 E%), 31 g Fett (46 E%), 63 g Kohlenhydrate (41 E%)

TIPP: Anstatt der Kräuterseitlinge kann man auch andere Pilze wie Pfifferlinge oder Champignons verwenden.

Kräuterseitlinge

Der Kräuterseitling, auch Königsausternpilz genannt, ist finanziell und geschmacklich eine ganzjährig erhältliche Alternative zu Steinpilzen. Der relativ hohe Gehalt an den Vitaminen B3 und B5 und an Ballaststoffen macht ihn hirngesund. Durch seinen Proteinreichtum ist er auch ein guter Fleischersatz

KICHERERBSEN-RIGATONI MIT BROKKOLI

ca. 25 Minuten

500 g Brokkoli	waschen, den Stiel schälen, die Röschen abtrennen und in leicht gesalzenem Wasser blanchieren. Mit einer Schöpfkelle mit Löchern den Brokkoli aus dem Wasser nehmen und auf einem Teller beiseitestellen.
200 g Kichererbsen-Rigatoni	im Brokkolikochwasser entsprechend der auf der Packung angegebenen Kochzeit kochen. (Wenn nötig noch etwas Wasser dazugeben, sodass sie bedeckt sind.) Das dauert in der Regel etwa 4 Minuten. Das Wasser abschütten.

Anschließend den Brokkoli mit den Rigatoni in den Topf geben und mit geschlossenem Deckel zur Seite stellen.

4 Knoblauchzehen	schälen und in Scheiben schneiden.
1 kleine Chili	waschen und in Ringe schneiden (eventuell auch weniger, je nach gewünschter Schärfe).
3 EL gehobelte Mandeln	
1 kleines Glas Sardellen	abgießen.
50 ml Olivenöl	in einem großen Topf auf kleiner bis mittlerer Stufe erhitzen.

Die Knoblauchscheiben mit den Chiliringen im Olivenöl langsam anbraten, die Sardellen und die Mandeln dazugeben und alles mischen. Dann den Brokkoli und die Rigatoni zufügen und alles vorsichtig vermischen.

Pfeffer aus der Mühle

Zum Schluss Pfeffer darüber mahlen. Eventuell noch etwas Salz zugeben. Aber Vorsicht: Die Sardellen sind salzig, das kann schon genügen!

1 Portion (ca. 525 g): 810 kcal, 35 g Eiweiß (18 E%), 47 g Fett (55 E%), 54 g Kohlenhydrate (27 E%)

Brokkoli

Brokkoli (und noch mehr dessen Sprossen!) besitzt mit Sulforaphan ein wirksames Anti-Krebsmittel, das aber auch gegen viele krankhafte Prozesse bei Alzheimer wirkt. Sulforaphan kommt in allen Kreuzblütengewächsen vor, zu denen Kohlpflanzen, aber auch Senf- und Kresse-Gewächse gehören.	

TIPP:
Dazu passen ein veganer Käseersatz von Seite 182/183 sowie ein bunter Salat.

LINSENNUDELN MIT LACHS

20 Minuten

2 Lachsfilets (ca. 250 g)	
½ Zitrone	auspressen.
1 EL Kokosöl	in einer Pfanne erhitzen.

Die Lachsfilets im Kokosöl bei mittlerer Hitze anbraten. Wenn sie gar sind, mit Zitronensaft beträufeln.

1 kleine Zwiebel	schälen und kleinschneiden.
1 EL Kokosöl	in einer weiteren Pfanne erhitzen.
2 kleine Karotten	waschen, schälen und in Stifte schneiden. (Kleine Bio-Karotten nur gut abbürsten und ungeschält verwenden.)
½ Fenchelknolle	waschen, halbieren, den Strunk entfernen und in Streifen schneiden.
80 g Cherry-Tomaten	halbieren.

Die Zwiebelstücke in Kokosöl anbraten, bis sie glasig werden. Die Karotten- und Fenchelstücke sowie die Cherry-Tomaten dazugeben und nur so lange in wenig Wasser kochen, dass Karotten und Fenchel noch knackig sind.

1 Dose Kokosmilch (400 ml)	in einem Mixbecher zu einer homogenen Flüssigkeit verrühren. **100 ml davon** unter das Gemüse rühren. Den Rest in einem Schraubglas im Kühlschrank aufbewahren.
1 Prise Salz und	
1 TL getrockneten Oregano	zufügen.
125 g Linsennudeln	nach Anleitung auf der Packung kochen und am Ende der Kochzeit abschütten.
1 Handvoll frische Petersilie	hacken.
Pfeffer aus der Mühle	

Die Linsennudeln mit dem Gemüse und der Petersilie vermengen. Zusammen mit dem Lachs auf Teller verteilen und Pfeffer darüber mahlen.

1 Portion (ca. 500 g): 710 kcal, 45 g Eiweiß (26 E%), 37 g Fett (48 E%), 46 g Kohlenhydrate (26 E%)

TIPP:
Dazu passen ein veganer Käseersatz von Seite 182/183 sowie ein gemischter Salat.

Linsen

Linsen stammen aus dem Orient und gehören zu den ältesten Kulturpflanzen. Ein hoher Anteil an Proteinen und Ballaststoffen sowie an komplexen Kohlenhydrate machen Linsen zu einer idealen Nahrungsquelle, die den Blutzucker kaum ansteigen lässt. Zudem versorgen uns die Linsen (wie alle Hülsenfrüchte) mit vielen Vitaminen und Spurenelementen, insbesondere mit lebenswichtigem Molybdän.

HEILBUTT MIT BASILIKUMPESTO AUF TRIGRANO-REIS

20 Minuten

FÜR DEN REIS:

325 ml Wasser mit	
½ TL Salz	zum Kochen bringen.
125 g Trigrano-Reis	hineingeben und nach Anleitung auf der Packung köcheln lassen.

FÜR DAS BASILIKUMPESTO:

50 g Parmesan-Ersatz	(nach dem Rezept von Seite 182)
½ Bund frisches Basilikum	waschen und grob schneiden.
60 g gemahlene Mandeln	
1 kleine Knoblauchzehe	schälen und pressen.
50 ml Olivenöl	
½ TL Salz	
Pfeffer	
Ca. 100 ml Wasser	

Den Parmesanersatz und alle weiteren Zutaten in einem Standmixer mixen. Nur so viel Wasser verwenden, dass das Pesto nicht zu flüssig wird. Eventuell ist es nötig, den Mixer ein paar Mal auszuschalten und mit einem Kochlöffelstiel die Basilikumblätter hinunterzudrücken.

Basilikum

Basileus kommt aus dem Altgriechischen und bedeutet König. Basilikum ist jedoch nicht nur eine royale Gewürz-, sondern auch eine Heilpflanze und wirkt entzündungshemmend. 50 Gramm decken den kompletten Tagesbedarf an Vitamin K, ein Drittel des Tagesbedarfs an Vitamin A, ein Achtel des täglichen Kalzium- und immerhin ein Fünftel des täglichen Eisenbedarfs.

TIPP:
Dazu passt grüner Blattsalat.

FÜR DEN HEILBUTT:

2 Heilbuttfilets (300–500 g)
Salz
1 TL Dinkel-Vollkornmehl

Die Fischfilets leicht salzen und in Vollkornmehl wenden.

Pfeffer aus der Mühle
1 EL Kokosöl in einer Pfanne auf mittlerer Stufe erhitzen.

Die Filets im Kokosöl je nach Dicke 5–10 Minuten von beiden Seiten anbraten. Zum Schluss leicht pfeffern. Die Heilbuttfilets zusammen mit dem Reis und dem Pesto servieren.

1 Portion (ca. 470 g): 1100 kcal, 45 g Eiweiß (16 E%), 78 g Fett (63 E%), 58 g Kohlenhydrate (21 E%)

SHRIMPS IN KNOBLAUCH-OLIVENÖL

15 Minuten

5 Knoblauchzehen	schälen und in Scheiben schneiden.
350 g Shrimps	waschen und abtropfen lassen.
100 ml Olivenöl	auf mittlerer Stufe in einem Topf erhitzen. (Das Olivenöl darf nicht zu heiß werden und auf keinen Fall anfangen zu rauchen!)

Die Knoblauchscheiben und die Shrimps in das heiße Öl geben und zusammen etwa 5–10 Minuten garen.

1 TL Oregano
Salz
Pfeffer aus der Mühle

Oregano, Salz und Pfeffer untermischen und sofort genießen.

TIPP: Das Olivenöl können Sie gut mit Vollkorn- oder Körnerbrot auftunken. Zum Gericht passt außerdem ein Tomatensalat.

1 Portion (ca. 230 g): 580 kcal, 25 g Eiweiß (17 E%), 52 g Fett (79 E%), 5 g Kohlenhydrate (4 E%)

Oregano

Oregano ist reich an Luteolin und Rosmarinsäure. Luteolin ist ein stark entzündungshemmender gelber Pflanzenfarbstoff. Rosmarinsäure (die zuerst im Rosmarin entdeckt wurde (daher der Name) und die auch in Melisse, Salbei, Thymian und Pfefferminz zu finden ist) ist ein starker Radikalfänger mit krebs-, bakterien- und virenhemmenden Eigenschaften. Beide Pflanzenwirkstoffe blockieren zugleich mehrere Alzheimer-Prozesse.

RÜHREI MIT KIDNEYBOHNEN UND GEBRATENEN TOMATEN

Einweichzeit: 6 Stunden oder über Nacht, Zubereitungszeit: (incl. Kochzeit für die Bohnen): 45–120 Minuten (je nach Einweichdauer)

200 g getrocknete Kidneybohnen mit Wasser bedecken und 6 Stunden – oder noch besser über Nacht – einweichen. Danach gut abspülen und dann kochen. Die Kochzeit für 6 Stunden eingeweichte Kindneybohnen beträgt 1,5 bis 2 Stunden, die über Nacht eingeweichten sind in 45 bis 60 Minuten gar.

2 Eier
25 ml Sojadrink
1 Prise Salz
Pfeffer

Eier, Sojadrink, Salz und Pfeffer in einem Mixbecher verquirlen.

2 Tomaten waschen und in Würfel schneiden.
1 Prise Salz
Pfeffer
1 EL Kokosöl in einer Pfanne erhitzen.

Die Tomaten 5 Minuten im Kokosöl anbraten und mit Salz und Pfeffer würzen. Anschließend die Tomaten auf eine Seite der Pfanne schieben und die Bohnen erhitzen. Zuletzt Platz zum Braten der Eier machen und diese unter Rühren anbraten.

1 Handvoll Schnittlauchröllchen darüber streuen.

1 Portion (ca. 360 g): 450 kcal, 31 g Eiweiß (31 E%), 13 g Fett (29 E%), 40 g Kohlenhydrate (40 E%)

Tomaten

Tomaten schützen vor Zellalterung. Beim Erhitzen werden die wirkungsvollen Lycopene freigesetzt.

WEISSE BOHNEN MIT APFEL-CHUTNEY

Einweichzeit: 1 Nacht, Zubereitungszeit: 1,5 bis 2 Stunden

250 g weiße, getrocknete Bohnen gut abspülen, mit Wasser bedecken und über Nacht einweichen.

Dann das Apfel-Chutney und Garam Masala für den nächsten Tag zubereiten.

FÜR DAS APFEL-CHUTNEY:

250 g Äpfel schälen und in Stücke schneiden.
1 kleine Zwiebel schälen und klein hacken.
2 kleine Knoblauchzehen schälen und pressen.
1 walnussgroßes Stück Ingwer schälen und reiben.
50 ml Wasser
1 EL Kokosöl in einem Topf erhitzen.

Zwiebel, Knoblauch und Ingwer kurz im Kokosöl anbraten, dann mit dem Wasser ablöschen und die Apfelstücke hineingeben.

5 g Vollrohrohrzucker
25 ml Apfelessig
1 kleine halbe Chilischote in Ringe schneiden.
1 Prise Salz
1 Prise Kreuzkümmel
20 g Rosinen

Rohrzucker, Apfelessig, Chiliringe, Salz, Kreuzkümmel und Rosinen unterrühren und etwa 10 Minuten köcheln, bis die Äpfel gar sind. Das Chutney in eine Schüssel füllen, abkühlen lassen und über Nacht im Kühlschrank aufbewahren.

Garam Masala

Auf Hindi bedeutet garam masālā so viel wie heißes Gewürz, weil seine von Familie zu Familie individuelle Zusammensetzung eines gemeinsam hat: Es erwärmt denjenigen, der es isst. Über die große Anzahl von Anti-Alzheimer-Wirkstoffen in dieser Gewürzmischung könnte man ein eigenes Buch schreiben.

GARAM MASALA:

2 TL Pfeffer
2 TL Koriander
1 gehäufter TL Kreuzkümmel
½ TL Nelken
½ TL Kardamom
½ TL Zimt
Evtl. 1 TL Chili (wenn man es etwas schärfer mag)

Alle Gewürze in getrockneter Form mischen und in einem Schraubgläschen aufbewahren. Am nächsten Tag das Chutney aus dem Kühlschrank nehmen. Das Bohnenwasser abschütten und die Bohnen erneut mit Wasser bedecken. In etwa 1 Stunde gar kochen. Das Wasser nicht salzen. Wenn die Bohnen gar sind, die Flüssigkeit abschütten und in einem extra Gefäß auffangen.

Die Bohnen im Topf beiseitestellen und den Deckel schließen, damit sie nicht zu sehr abkühlen.

FÜR DIE SAUCE:

1 kleine Zwiebel schälen und klein hacken.
1 Tomate waschen und in Würfel schneiden.
100 ml passierte Tomaten
100 ml Bohnenkochwasser
1 TL Kurkuma
1 TL Garam Masala
1 TL Salz
1 EL Kokosöl in einem Topf erhitzen.

Die Zwiebeln im Kokosöl anbraten, die Tomatenwürfel, die passierten Tomaten und das Bohnenkochwasser unterrühren, die Gewürze und das Salz dazugeben und alles 10–15 Minuten köcheln lassen.

Reichlich frische Korianderblättchen hacken.

Zum Schluss die Bohnen unterheben, das Ganze auf Tellern anrichten und mit den gehackten Korianderblättchen garnieren. Das Apfel-Chutney dazu reichen.

1 Portion (ca. 635g): 550 kcal, 29 g Eiweiß (21 E%), 12 g Fett (21 E%), 80 g Kohlenhydrate (58 E%)

BLUMENKOHL MIT VEGANER »BÉCHAMEL-SAUCE«

2–4 Personen (je nachdem, ob man ihn als Hauptgericht oder als Beilage verspeist)
30 Minuten

1 großen Blumenkohl von den Blättern befreien und waschen.
250 ml leicht gesalzenes Wasser zum Kochen bringen.

Den Blumenkohl darin im Ganzen 20–25 Minuten kochen. Dann den Topf von der Kochstelle nehmen, mit einer Schöpfkelle mit Löchern den Blumenkohl herausheben und in eine Schüssel legen. Die Blumenkohlbrühe nicht wegschütten.

FÜR DIE VEGANE »BÉCHAMEL-SAUCE«:

1 gestr. TL Pfeilwurzmehl (alternativ: Dinkelmehl, Type 1050)
50 ml Sojadrink
1 TL Kurkuma
1 Prise Muskat
Pfeffer aus der Mühle

In einer Tasse das Pfeilwurzmehl mit dem Sojadrink glattrühren. Dann die Gewürze untermischen und das Ganze mit einem Schneebesen in die Blumenkohlbrühe einrühren.

1 Portion als Hauptgericht *(ca. 335 g): 85 kcal, 9 g Eiweiß (40 E%), 1 g Fett (15 E%), 10 g Kohlenhydrate (45 E%)*

1 Portion als Beilage *(ca. 170 g): 40 kcal, 4 g Eiweiß (40 E%), 1 g Fett (15 E%), 5 g Kohlenhydrate (45 E%)*

TIPP: Schmeckt mit Pasta, Fisch oder auch mal einfach so.

Sauce Béchamel

Sauce Béchamel oder Milchsauce, wird traditionell aus Milch, Butter und Mehl zubereitet. Mit Sojadrink und Pfeilwurzmehl zaubern Sie eine leckere und zugleich hirngesunde Variante.

KRÄUTERBRATLINGE

45–60 Minuten

40 g Couscous	
100 ml leicht gesalzenes Wasser	zum Kochen bringen.

Den Couscous im Salzwasser köcheln lassen, bis die Flüssigkeit aufgesaugt ist (höchstens 5 Minuten). Von der Kochstelle nehmen und abkühlen lassen.

1 Karotte	schälen, reiben und beiseitestellen.
1 kleine Zwiebel	schälen und hacken.
Reichlich frische, gemischte Kräuter	(z.B. Petersilie, Schnittlauch, Thymian, Oregano, Rosmarin, etc.) klein hacken. Evtl. harte Stiele entfernen.
1 TL Tomatenmark	
1 TL Senf	
½ TL Salz	
Pfeffer aus der Mühle	
1 TL Kurkuma	
1 TL Kokosöl	in einer Pfanne erhitzen.

Die Zwiebeln bei mittlerer Hitze im Kokosöl 1 Minute anbraten. Dann die gehackten Kräuter dazu geben und unter Rühren eine Minute mit anbraten. Tomatenmark, Senf, Salz, Pfeffer und Kurkuma unterrühren.

3 geh. EL Vollkorn-Dinkelflocken
2 EL Sesamsaat, ungeschält
2 EL Sonnenblumenkerne
2 Eier
75 g Dinkelvollkornmehl

Couscous, Vollkorn-Dinkelflocken, geriebene Karotten, Sesam, Sonnenblumenkerne, Eier, Dinkelvollkornmehl und die Zwiebel-Kräutermischung in einer Schüssel gut vermengen. Sollte die Masse zu trocken sein, etwas Wasser dazugeben.

Petersilie

Petersilie ist, wie alle Gewürz- und Heilkräuter, voller Nutrazeutika (ein Begriff in Anlehnung an Pharmazeutika), die in unserem Organismus viele Funktionen haben und die für die Erhaltung unserer Gesundheit von großer Bedeutung sind. Dazu gehören nicht nur nahezu sämtliche Vitamine, sondern auch viele Wirkstoffe, die uns spezifisch vor Alzheimer schützen und die dabei sehr effizient sind, auch wenn wir die unzähligen Wirkmechanismen nur ansatzweise verstehen.

2 EL Kokosöl
(evtl. später noch einen weiteren EL) in einer großen Pfanne erhitzen.

Mit bemehlten Händen Bratlinge formen und diese von beiden Seiten bei mäßiger Hitze braten, bis sie goldgelb sind. Vor dem Wenden evtl. noch einen weiteren EL Kokosöl in die Pfanne geben.

1 Portion (ca. 380 g): 750 kcal, 21 g Eiweiß (12 E%), 27 g Fett (33 E%), 101 g Kohlenhydrate (55 E%)

TIPP: Dazu schmeckt grüner Blattsalat.

VEGANER KÄSEERSATZ

Käse ist das Produkt vergorener Milch. Letztendlich für den Geschmack entscheidend sind die darin enthaltenen Fette, Proteine und Produkte der Mikroorganismen, die bei der Vergärung und Veredelung eingesetzt werden.

Ein Mikroorganismus, der allen Speisen einen würzigen, käseartigen Geschmack verleiht, ist die Hefe. Durch Hitze inaktiviert und getrocknet, sind Hefeflocken als gesunder Geschmacksverstärker (so kann ungesundes Glutamat vermieden werden) und zur eigenen Herstellung verschiedener »Käsegeschmacksrichtungen« verwendbar.

Über Geschmack lässt sich bekanntlich streiten, aber für viele sind diese Kombinationen ein guter Ersatz für ungesunde Milchprodukte, wobei man sich durchaus fragen darf, ob etwas ersetzt werden muss, das eigentlich nicht zu einer natürlichen Ernährung gehört.

»PARMESAN«

ca. 10 Portionen 5 Minuten

200 g Cashewnüsse
20 g Hefeflocken
½ TL Salz

Alles im Standmixer vermixen.

1 Portion (ca. 20 g): 125 kcal, 5 g Eiweiß (16 E%), 9 g Fett (68 E%), 5 g Kohlenhydrate (16 E%)

Hefeflocken

Hefeflocken sind nicht nur reich an wertvollen Proteinen (etwa 26 %) und Ballaststoffen (etwa 13 %), sondern auch eine gute Quelle für B-Vitamine und wichtige Mineralstoffe. Zusammen mit den Fettsäuren aus Nüssen ein wahrhaft gesunder Milchersatz.

Um »**PECORINO**« zu erhalten, verwenden Sie anstatt der Cashewnüsse einfach Walnüsse.

1 Portion (ca. 20 g): 150 kcal, 4 g Eiweiß (10 E%), 1 g Fett (78 E%), 5 g Kohlenhydrate (12 E%)

»**GORGONZOLA**« erhalten Sie, wenn Sie stattdessen Paranüsse verwenden.

1 Portion (ca. 20 g): 145 kcal, 4 g Eiweiß (12 E%), 13 g Fett (84 E%), 2 g Kohlenhydrate (4 E%)

Probieren Sie es selbst aus! Jede Nusssorte steuert ihre eigene Protein- und Fettmischung bei, die das Ergebnis geschmacklich einzigartig macht.

INFO: Lässt sich im Kühlschrank sehr lange aufbewahren – auf jeden Fall mindestens 2 Wochen. Länger haben wir es nicht ausprobiert, denn der Parmesanersatz ist bei uns immer innerhalb kürzester Zeit aufgegessen.

AVOCADO-TORTE

Ergibt 12 kleine Stücke   Zubereitungszeit: 45 Minuten, Kühlzeit : 8 Stunden

FÜR DEN BODEN:

2 Bio-Limetten	heiß waschen, abtrocknen und die Schale abreiben. Den Saft für den Teig aufheben.
150 g Cashewkerne	
35 g Kokosraspeln	
75 g getrocknete Feigen	klein schneiden.
1 EL Kokosöl	
1 EL Honig	
1 Prise Bourbon Vanille, gemahlen	
1 Prise Salz	

Den Limettenabrieb mit den Cashewkernen, den Kokosraspeln, den klein geschnittenen Feigen, Kokosöl, Honig, Bourbon Vanille und Salz in einem Mixer pürieren, bis eine gleichmäßige Masse entstanden ist. Dazu, wenn nötig, zwischendurch den Mixer ausschalten und mit einem Kochlöffelstiel die Masse nach unten drücken.

Eine kleine Springform (Durchmesser 18 cm) mit etwas Kokosöl einfetten, die Masse mit feuchten Händen hineindrücken und den Teig solange kalt stellen, bis die Füllung fertig ist.

FÜR DIE FÜLLUNG:

3 mittelgroße, reife Avocados	der Länge nach halbieren (vorsichtig um den Kern herumschneiden), dann den Kern entfernen und mit einem Esslöffel das Fruchtfleisch entnehmen.
2 Bio-Limetten	abreiben und entsaften.
3–4 EL Honig	
1 Prise Bourbon Vanille, gemahlen	
1 Msp. Zimtpulver	
25 g fester Anteil von Kokosmilch oder Kokosmus	
50 g Kokosöl	

Feigen

In Alzheimerstudien mit Mäusen reduzierte eine Ernährung mit Feigen den Stress durch überschüssige Sauerstoffradikale im Gehirn. Infolgedessen waren die Nager lernfähiger, weniger ängstlich und dadurch neugieriger als ihre Kollegen, die diese orientalischen Früchte nicht bekamen. Ob sie bei uns Menschen ähnlich wirken, ist zwar bisher nicht gezeigt, aber wahrscheinlich. Auf jeden Fall sind sie – in Maßen genossen – eine gesunde Möglichkeit, Speisen zu süßen.

Das Fleisch der Avocados, Limettenschalen und -saft (auch den der ersten beiden Limetten), Honig, Bourbon Vanille, Zimtpulver und die Kokosmilch bzw. das Kokosmus in eine Rührschüssel geben und mit dem Stabmixer fein pürieren. Zum Schluss das flüssige Kokosöl mit einem Löffel unterrühren.

Die Füllung auf den Tortenboden geben, gleichmäßig verteilen und über Nacht im Kühlschrank fest werden lassen.

25 g Kokosraspeln

Zum Servieren mit den Kokosraspeln verzieren.

1 Stück (ca. 105 g): 265 kcal, 4 g Eiweiß (6 E%), 22 g Fett (74 E%), 13 g Kohlenhydrate (20 E%)

Tipp: Übriggebliebene Stücke können gut eingefroren und bei Bedarf aufgetaut werden.

QUINOA-MANDEL-SÜSSREIS

45 Minuten

FÜR DEN SÜSSREIS:

195 ml Wasser	in einem Topf zum Kochen bringen.
65 g Vollkorn-Rundkornreis	darin bei geschlossenem Deckel köcheln lassen. Ab und zu umrühren. (Die Garzeit für Vollkornreis kann bis zu 45 Minuten betragen.)
25 g weiße oder bunte Quinoa	
150 ml Mandeldrink	
100 ml Wasser	

15 Minuten vor Ende der Kochzeit die Quinoa, den Mandeldrink und das Wasser dazugeben und alles unter ständigem Rühren weitere 15 Minuten köcheln lassen.

¼ Prise Salz	
1 Prise Bourbon Vanille, gemahlen	
2 getrocknete Datteln oder Feigen	sehr fein schneiden.
¼ TL Zimtpulver	

Zum Schluss Salz, Bourbon Vanille, Dattel- oder Feigenstückchen unterrühren und in Schälchen füllen. Mit Zimt bestreuen.

1 Portion (ca. 270 g): 205 kcal, 5 g Eiweiß (10 E%), 2 g Fett (10 E%), 40 g Kohlenhydrate (80 E%)

TIPP: Dazu passen Sauerkirschen aus dem Glas.

Zimt

Die Wirkstoffe von Zimt hemmen die Bildung des Alzheimer-Toxins und korrigieren – zumindest im Tiermodell – die durch den Krankheitsprozess schon verursachten geistigen Einbußen. Eine gesteigerte geistige Leistungsfähigkeit wurde auch bei Studien mit Zimt beim Menschen beobachtet. Da Zimt auch den Blutzucker- und Cholesterinstoffwechsel positiv beeinflusst, spricht nichts dagegen, täglich bis zu einem Teelöffel zu verwenden!

APFEL-KRÜMELKUCHEN

ergibt 12 Stücke   Zubereitungszeit 20 Minuten, Backzeit 25–30 Minuten

Den Backofen auf 200 °C (Umluft 175 °C) vorheizen.

FÜR DEN TEIG:

200 g Kichererbsenmehl
50 g Kokosmehl
10 g Weinsteinbackpulver
2 TL Honig
1 Ei
100 g Kokosöl
25 ml Wasser
1 Prise Salz

Kichererbsen- und Kokosmehl mit dem Weinsteinbackpulver mischen und mit Honig, Ei, Kokosöl, Wasser und einer Prise Salz zu einem Teig kneten.

FÜR DEN BELAG:

5–6 Äpfel	entkernen und das Fruchtfleisch ungeschält in Schnitze schneiden.
½ Zitrone	auspressen und den Saft über die Äpfel verteilen, damit sie nicht braun werden.

Apfel

Der Apfel ist ein heimisches »Superfood«. Aber man sollte ihn immer mit der Schale essen, denn hauptsächlich dort befinden sich die wertvollen Polyphenole, Flavonoide, Vitamine und Ballaststoffe. Und weil die Schale so gesund ist, sollte der Apfel auf keinen Fall mit Pestiziden behandelt sein, was bedeutet: Der Bioapfel ist alternativlos!

FÜR DIE STREUSEL:

40 g Kichererbsenmehl
40 g Kokosmehl
2 TL Honig
30 g Kokosöl
1 TL Zimt

Alle Zutaten mit einem Rührgerät so lange verrühren, bis die Masse eine krümelige Konsistenz erreicht hat. Den Teig in eine mit Kokosöl gefettete Kuchenform (Durchmesser 26 cm) geben, die Apfelschnitze kreisförmig darauf anordnen. Die Streusel darauf verteilen und 25–30 Minuten backen.

1 Stück (ca. 100 g): 185 kcal, 5 g Eiweiß (10 E%), 12 g Fett (61 E%),
14 g Kohlenhydrate (29 E%)

VOLLKORNGRIESSBREI MIT RHABARBER

20 Minuten

500 g rote Rhabarberstiele	waschen, in Stücke schneiden und in wenig Wasser 3–5 Minuten weichkochen.
200 ml Sojadrink	in einem weiteren Topf unter ständigem Rühren (brennt sonst leicht an) zum Kochen bringen.
40 g Dinkelvollkorngrieß	dazugeben und etwa eine halbe Minute lang einrühren, bis der Grieß aufgegangen ist.
2 EL Honig	

Den Grieß von der Kochstelle nehmen, den Rhabarber und den Honig unterrühren und das Ganze sofort servieren.

1 Portion (ca. 375 g): 170 kcal, 7 g Eiweiß (19 E%), 3 g Fett (17 E%), 26 g Kohlenhydrate (64 E%)

Rhabarber

Die Inhaltsstoffe des Rhabarbers schützen vor dem Alzheimer-Toxin und dem Zelltod von Nervenzellen. Allerdings enthalten grüne Stängel und Blätter sehr viel Oxalsäure, die weniger gesund ist. (Sie bindet Mineralien und kann die Nierensteinbildung begünstigen.) Daher möglichst rote Stiele verwenden und diese vor dem Verzehr kochen, damit ein Großteil der Oxalsäure herausgelöst wird.

BROMBEER-BANANEN-DESSERT

30 Minuten

FÜR DIE BROMBEERCREME:

200 g Brombeeren waschen und verlesen. Einige davon für die Garnitur beiseitelegen.
1 getrocknete Dattel oder Feige klein schneiden.
50 g Soja-Alternative zu Quark (z. B. Provamel)
50 g Soja-Alternative zu Joghurt
1 Prise Bourbon Vanille, gemahlen

Dattel oder Feige zusammen mit den Brombeeren in einem Mixbehälter pürieren und danach mit den restlichen Zutaten verrühren. In Dessertgläser verteilen.

FÜR DIE BANANENCREME:

1–2 Bananen (etwa 125 g) schälen und ein paar Scheiben für die Garnitur zurücklegen.
1 getrocknete Dattel oder Feige klein schneiden.
½ Zitrone auspressen.
1 geh. TL Chia-Samen (ein wenig für die Garnitur übrig lassen)
1 Prise Bourbon Vanille, gemahlen
50 g Soja-Alternative zu Quark (z. B. Provamel)
50 g Soja-Alternative zu Joghurt

Dattel oder Feige in einem Mixbehälter mit den Bananen, dem Zitronensaft und den Chiasamen pürieren und anschließend mit den restlichen Zutaten verrühren. Die Bananencreme vorsichtig in die Dessertgläser auf die Brombeercreme füllen und mit Beeren, Bananenscheiben und Chia-Samen dekorieren.

1 Portion (ca. 285 g): 200 kcal, 8 g Eiweiß (16 E%), 5 g Fett (24 E%), 29 g Kohlenhydrate (60 E%)

TIPP:
Selbstverständlich können die Brombeeren – je nach Saison – auch durch andere Beeren ersetzt werden.

Schmeckt gut mit Vollkornbrot.

Brombeere

Blau- bzw. Heidelbeeren sind bekannt für ihre Eigenschaft, chronische Entzündungen zu hemmen, bei der Krebstherapie unterstützend zu wirken und nicht zuletzt auch den Alzheimer-Krankheitsprozess positiv zu beeinflussen. Brombeeren haben vergleichbare Eigenschaften. Auch sie sind pflanzliche »Kombinationspräparate« voller Vitamine, Polyphenole, Flavonoide and Anthocyane.

Quellenangaben

[1] Nehls M: Die Methusalem-Strategie – Vermeiden, was uns daran hindert, gesund älter und weiser zu werden. Mental Enterprises 2011

[2] Nehls M: Herausforderung Race Across America – 4800 km Zeitfahren von Küste zu Küste. Mental Enterprises 2012

[3] Nehls M: Die Alzheimer-Lüge – Die Wahrheit über eine vermeidbare Krankheit. Heyne 2014

[4] Nehls M: Alzheimer ist heilbar – Rechtzeitig zurück in ein gesundes Leben. Heyne 2015

[5] Nehls M: Unified theory of Alzheimer's disease (UTAD): implications for prevention and curative therapy. J Mol Psychiatry 2016; www.ncbi.nlm.nih.gov/pubmed/27429752

[6] Kirsch-Mayer, W. Behandlung schon »vor dem Vergessen« Mannheimer Morgen. 22.9.2016

[7] Nehls M: Unified theory of Alzheimer's disease (UTAD): implications for prevention and curative therapy. J Mol Psychiatry 2016; www.ncbi.nlm.nih.gov/pubmed/27429752

[8] Nehls M: Die Alzheimer-Lüge – Die Wahrheit über eine vermeidbare Krankheit. Heyne 2014

[9] www.jung-diagnostics.de

[10] 15.02.2017; www.zentrum-der-gesundheit.de/mehl.html

[11] Grant WB: Trends in diet and Alzheimer's disease during the nutrition transition in Japan and developing countries. J Alzheimers Dis 2014; 38:611–620

[12] Bublak R: 27.10.2015. www.aerztezeitung.de/medizin/krankheiten/krebs/kolorektales-karzinom/article/897723/krebserregender-aufschnitt-jetzt-gehts-wurst.html

[13] 30.10.2015; https://deutsche-wirtschafts-nachrichten.de/2015/10/30/krebsrisiko-bei-wurstverzehr-fleischindustrie-gibt-entwarnung

[14] Revedin A et al.: Thirty thousand-year-old evidence of plant food processing. ProcNatl Acad Sci USA 2010;107:18815-18819

[15] Melnik BC et al. Milk consumption during pregnancy increases birth weight, a risk factor for the development of diseases of civilization. J Transl Med 2015; https://pubmed.ncbi.nlm.nih.gov/25592553/

[16] Knip M, Simell O. Environmental triggers of type 1 diabetes. Cold Spring Harb Perspect Med 2012; www.ncbi.nlm.nih.gov/pubmed/22762021

[17] Melnik BC. The pathogenic role of persistent milk signaling in mTORC1- and milk-microRNA-driven type 2 diabetes mellitus. Curr Diabetes Rev 2015;11:46-62

[18] Feskanich D et al. Milk consumption during teenage years and risk of hip fractures in older adults. JAMA Pediatr 2014;168:54-60

[19] Michaëlsson K et al.: Milk intake and risk of mortality and fractures in women and men: cohort studies. BMJ 2014; www.ncbi.nlm.nih.gov/pubmed/25352269

[20] Gu Y et al.: Food combination and Alzheimer disease risk: a protective diet. Arch Neurol 2010; 67:699-706; Eskelinen MH et al.: Fat intake at midlife and cognitive impairment later in life: a population-based CAIDE study. Int J Geriatr Psychiatry 2008; 23:741-747

[21] Gao J et al.: Salidroside suppresses inflammation in a D-galactose-induced rat model of Alzheimer‘s disease via SIRT1/NF-κB pathway. Metab Brain Dis 2016; 31:771-778; Li L et al.: Moderate exercise prevents neurodegeneration in D-galactose-induced aging mice. Neural Regen Res 2016; 11:807-815

[22] Bauer-Söllner B (Stand 2.4.2017): www.alzheimer-bw.de/fileadmin/AGBW_Medien/Dokumente/Demenzen/Praevention__Diagnose__Therapie/110713_Artikel_ernährungalzheimerpräv_bbs.pdf

[23] Gu Y et al.: Food combination and Alzheimer disease risk: a protective diet. Arch Neurol 2010; 67:699-706; ; Morris MC: The role of nutrition in Alzheimer's disease: epidemiological evidence. Eur J Neurol 2009; 16: 1-7

[24] Morris MC et al.: Dietary fats and the risk of incident Alzheimer disease. Arch Neurol 2003; 60:194-200

[25] Grimm MO et al.: Trans fatty acids enhance amyloidogenic processing of the Alzheimer amyloid precursor protein (APP). J Nutr Biochem 2012; 23: 1214–1223

[26] Zárate J et al.: A study of the toxic effect of oxidized sunflower oil containing 4-hydroperoxy-2-nonenal and 4-hydroxy-2-nonenal on cortical TrkA receptor expression in rats. Nutr Neurosci 2009; 12:249-59

[27] Michaëlsson K et al.: Milk intake and risk of mortality and fractures in women and men: cohort studies. BMJ 2014; www.ncbi.nlm.nih.gov/pubmed/25352269

[28] Heini AF, Weinsier RL: Divergent trends in obesity and fat intake patterns: the American paradox. Am J Med 1997; 102:259-264

[29] Ramsden CE et al.: Re-evaluation of the traditional diet-heart hypothesis: analysis of recovered data from Minnesota Coronary Experiment (1968-73). BMJ 2016; https://pubmed.ncbi.nlm.nih.gov/27071971/

[30] Harari YN: Eine kurze Geschichte der Menschheit. Pantheon Verlag 2015; S.104 und S.112

[31] Gu Y et al.: Mediterranean diet and brain structure in a multiethnic elderly cohort. Neurology 2015; 85:1744-1751

[32] Mosconi L et al.: Mediterranean Diet and Magnetic Resonance Imaging-Assessed Brain Atrophy in Cognitively Normal Individuals at Risk for Alzheimer's Disease. J Prev Alzheimers Dis 2014; 1:23-32

[33] Mattson MP et al.: Meal frequency and timing in health and disease. Proc Natl Acad Sci USA 2014; www.ncbi.nlm.nih.gov/pubmed/25404320

[34] Sämtliche GL-Werte in diesem Buch stammen aus: Mangiameli F, Worm N: Logi Guide. Tabellen mit über 500 Lebensmitteln bewertet nach ihrem glykämischen Index und ihrer glykämischen Last. Systemed 2007

[35] Lin L et al.: Evidence of health benefits of canola oil. Nutr Rev 2013;71:370-385

[36] Uribarri J. et al. Advanced glycation end products in foods and a practical guide to their reduction in the diet. J Am Diet Assoc 2010;110:911–916; Guilbaud A et al.: How Can Diet Affect the Accumulation of Advanced Glycation End-Products in the Human Body? Foods 2016; www.ncbi.nlm.nih.gov/pubmed/28231179

[37] www.sanomega.de/omega-3-vegan

[38] Nehls M: Alzheimer ist heilbar – Rechtzeitig zurück in ein gesundes Leben. Heyne 2015; Kapitel 18

[39] Nehls M: Alzheimer ist heilbar – Rechtzeitig zurück in ein gesundes Leben. Heyne 2015; Kapitel 22

[40] Nehls M: Die Alzheimer-Lüge – Die Wahrheit über eine vermeidbare Krankheit. Heyne 2014

[41] Topiwala A et al.: Moderate alcohol consumption as risk factor for adverse brain outcomes and cognitive decline: longitudinal cohort study. BMJ 2017; https://pubmed.ncbi.nlm.nih.gov/28588063/

[42] Giunta B et al.: Fish oil enhances anti-amyloidogenic properties of green tea EGCG in Tg2576 mice. Neurosci Lett 2010;471:134-138

[43] Shoba G et al.: Influence of piperine on the pharmacokinetics of curcumin in animals and human volunteers. Planta Med 1998;64:353-356.

Inhaltsverzeichnis Rezepte

FRÜHSTÜCK, BROT UND AUFSTRICHE

SALATE

TEE

SUPPEN

VORSPEISEN UND SNACKS

HAUPTSPEISEN

NACHSPEISEN

Register

M

N

O

P

Q

R

Auch als **E-Book** erhältlich

256 Seiten
25,00 € (D) | 25,80 € (A)
ISBN 978-3-7423-2548-8

Sabrina Mörkl, Attila Várnagy

Ernährung für die Psyche: Das Kochbuch

Richtig essen für die Seele

Kann man psychische Erkrankungen mit der richtigen Ernährung behandeln? Ja, das zeigen die Fachärztin für Psychiatrie und Ernährungsmedizin Dr. med. Sabrina Mörkl und der Koch und Ernährungstherapeut Attila Várnagy in diesem Buch. Der Darm beeinflusst unser Gehirn, und funktioniert er nicht richtig, können Stress, Schlafstörungen, Vergesslichkeit, Unruhe oder Erschöpfung entstehen. Das kann sogar zur Entwicklung psychischer Erkrankungen wie Depressionen, Angstörungen, Zwängen und mehr führen. Eine Ernährung mit vielen wichtigen Vitalstoffen wie Antioxidantien, Omega-3-Fettsäuren, Vitaminen und Ballaststoffen trägt zu einer normalen Darm- und somit Gehirnfunktion bei. Das führt zu einer besseren Stressbewältigung, mehr Energie und Wohlbefinden. Die 60 ausgewogenen und alltagstauglichen Rezeptideen, stärken die mentale Gesundheit und das Immunsystem und sorgen für mehr Entspannung und weniger seelische Belastung im Alltag!

riva

Auch als **E-Book** erhältlich

384 Seiten
20,00 € (D) 20,95 € (A)
ISBN 978-3-7423-1801-5

Uma Naidoo

Ernährung für die Psyche

Richtig essen für seelisches Wohlbefinden

Wie schön wäre es, wenn man Depressionen, Angst-, Zwangs- oder Schlafstörungen, Suchterkrankungen und posttraumatische Belastungsstörungen einfach wegessen könnte! Wissenschaftliche Studien haben belegt, dass die richtige Ernährung tatsächlich die Behandlung dieser Erkrankungen wesentlich unterstützen kann. Die renommierte Psychiaterin und Ernährungsexpertin Dr. Uma Naidoo erklärt in diesem Ratgeber, welche Lebensmittel und Nährstoffe förderlich und welche schädlich sind. Konkrete Ernährungsempfehlungen und leckere Rezepte, die speziell auf verschiedene Krankheitsbilder zugeschnitten sind, helfen dabei, das psychische Wohlbefinden wiederherzustellen, zu erhalten und der Seele etwas Gutes zu tun.

systemed

Bibliografische Information der Deutschen Nationalbibliothek
Die Deutsche Nationalbibliothek verzeichnet diese Publikation in der Deutschen Nationalbibliografie.
Detaillierte bibliografische Daten sind im Internet über https://dnb.de abrufbar.

Für Fragen und Anregungen
info@m-vg.de

Wichtiger Hinweis
Ausschließlich zum Zweck der besseren Lesbarkeit wurde auf eine genderspezifische Schreibweise sowie eine Mehrfachbezeichnung verzichtet. Alle personenbezogenen Bezeichnungen sind somit geschlechts neutral zu verstehen.

8. Auflage 2026

Türkenstraße 89
80799 München
Tel.: 089 651285–0

Die Originalausgabe erschien 2018 im systemed Verlag.

Redaktion: systemed Verlag, Lünen; systemed GmbH, Kastanienstr.10, 44534 Lünen
Fotografie: Sabine und Nadja Nehls, Alex Jung (Seite 3), Patrik Müller (Seite 6), IStock (Seite 13, 14, 19, 28, 36, 56, 59, 67)
Gestaltung, Illustrationen, Satz: rosavision, Simone Ruths, www.rosavision.de; Andreas Linnemann
Umschlaggestaltung: Simone Ruths
Druck: Florjancic Tisk d. o.o., Slowenien
Printed in the EU

ISBN 978–3 95814–256–5

Weitere Informationen zum Verlag finden Sie unter
www.rivaverlag.de
Beachten Sie auch unsere weiteren Verlage unter www.m-vg.de